释放内在潜能

潜能开发

高层领导力发展提升

团队管理

戎教 著

——激励人心的艺术与奥秘

哈尔滨出版社
HARBIN PUBLISHING HOUSE

图书在版编目（CIP）数据

释放内在潜能：激励人心的艺术与奥秘 / 戎教著
. -- 哈尔滨：哈尔滨出版社，2024.3
ISBN 978-7-5484-7716-7

Ⅰ．①释… Ⅱ．①戎… Ⅲ．①企业管理－职工培训
Ⅳ．① F272.92

中国国家版本馆 CIP 数据核字 (2024) 第 040870 号

书　　名：释放内在潜能：激励人心的艺术与奥秘
SHIFANG NEIZAI QIANNENG : JILI RENXIN DE YISHU YU AOMI
_____
作　　者：戎　教　著
责任编辑：韩伟锋
封面设计：树上微出版
_____
出版发行：哈尔滨出版社（Harbin Publishing House）
社　　址：哈尔滨市香坊区泰山路 82-9 号　　邮编：150090
经　　销：全国新华书店
印　　刷：武汉市籍缘印刷厂
网　　址：www.hrbcbs.com
E-mail：hrbcbs@yeah.net
编辑版权热线：（0451）87900271　87900272
销售热线：（0451）87900202　87900203
_____
开　　本：880mm×1230mm　　1/32　　印张：7.5　　字数：144 千字
版　　次：2024 年 3 月第 1 版
印　　次：2024 年 3 月第 1 次印刷
书　　号：ISBN 978-7-5484-7716-7
定　　价：58.00 元
_____
凡购本社图书发现印装错误，请与本社印制部联系调换。
服务热线：（0451）87900279

前言
PREFACE

当我谈教练时

那是一个暮春的傍晚，多云的天气，没有风，我生平第一次连续跑完了 10 公里的距离。在最后的几百米时，我拖着疲惫的双脚，蹒跚在路边的人行道上。我不太记得当时身体的感觉了，是否气喘吁吁，是否双脚疼痛……我想应该是有的吧。不过，现在回想起这些，我都没有深刻的印象了。我能想起的是天色将晚，人行道边的树木并不高大，隔着逐渐暗淡的光线，滨江的郊区路上空无一人。当我注意到光线逐渐暗淡的情景时，一切是如此的微妙。这也是我数年之后，在每一次超长距离的奔跑后，突然觉察到的——大脑变得迟钝，感官变得敏锐——时间好像变慢了一样，内心宁静而澄明。

"马拉松究竟是多长的距离呢？我是否该去了解一下？"

这样的想法在脑海中仿佛伴随着"叮——"的一声，凭空出现了。

42.195公里，我从笔记本电脑的屏幕上看到这个数字时，我心里涌现出来的第一个想法是：或许，今生有机会去试一试呢？

此后，没过多久，差不多是3个月之后，在一个阳光明媚的午后，在跑完21公里之后我同样步履蹒跚地走在回家的路上，在我的脑海中，那个"或许，今生有机会去试一试？"的想法就换成了"嗯，或许，今年就可以试一试了"。

差不多5个月之后，当我拖着疼痛的左腿，颠簸着一纵一跃似的越过首届深圳国际马拉松比赛的终点线，瘫坐于路边的草坪上时，出乎意料的是，我并没有异常的激动和欣喜。当然，或许是没有体力激动了。同样，也是数年以后，头顶着凌晨的星光，在《徐霞客游记》的开篇之地——浙江宁海的古城楼门下，我越过100公里的终点线后，我再一次体验到了这样的感觉。没有欣喜、没有激动。这次之后，我终于确定，那一份感觉……是宁静。

"非宁静无以致远"，那是我之后记录下来的话。没有任何一次如这一次一样，我对这句话有如此深刻的体会。

不过现在回想这些经历和体验，于大众而言，原本是极为普通的，即使是那些超远距离的越野长跑，其实也并无特殊之处，成绩表现也是泯然众人而已。可是于我而言，这些经历，尤其是这些体验却意义非凡。结合这些跑步的体验，使我对于差不多从20年前开始接触、学习以及从事的"教练"这门技能和学问，有了更加深入的体会和理解。这种理解，不仅仅是关于这门技能和学问的理论，更重要的，是在自我的生命中、在自身的神经系统中，对这些理论回应而产生的深刻体验。

这些体验，结合这些年的教练生涯中的对话和培训个案，终于有一天，我在脑海中涌现出这句话：当我想要谈教练时，我想要谈什么？

是的，如果要谈一谈教练，我该谈什么，从哪里开始呢？

目录

CONTENTS

01

从马拉松开始

回到那个第一次耗时 2 小时 10 分完成半程马拉松 21 公里的下午。当时我强烈地感觉到，或许不用有生之年，或许也不用三年之后，或许就在今年，我就可以试试去完成全程马拉松了。

我带着一丝的兴奋，在内心中暗暗确定下了这个目标，甚至公告了要 4 小时完赛的宣言。那一刻，我其实对马拉松一无所知。仅仅是因为兴奋，因为突破自我信念的局限之后的兴奋。后来，经历这么多年的马拉松以及超级越野赛，我才后知后觉地发现，我从我的首场马拉松经历中所收获的，远远不止完成一个马拉松的 42.195 公里。仅仅靠兴奋并不能足以支撑我们实现目标，虽然这是最重要的起点。要完成目标，还需要学习和耐心，以及宁静和平衡。

2 个月后，我报名了 12 月初的深圳马拉松。我不知道 2 小时 10 分完成 21 公里和 4 小时完成 42.195 公里之间的差距，我像大多数人一样，自以为再努力努力，完成全程马拉松应该不是困难的事情。是的，事实上并不困难。只需要学习和耐心（我刻意加重了这两个词，后面，我们会谈及并理解，这是多么的重要和关键）。而我在写下宣言的那一刻，我忘记了奔跑的初衷，我一心只想着那个结果，跑得快一点儿，再快一点儿。我失去了内心的平衡。我甚至忘记了，这是一件我从未做过的事，我需要学习和专业的指导。

我一心想着跑得快一点儿，多练习一次。完全忽略了身体的反应以及该如何科学有效地训练。在比赛开始前 3 周的一个下午，我想着得试试 30 公里吧。我拼命想要保持配速，用了 3 小时 05 分，我完成了 30 公里。之后，我还心存慰藉。心想：嗯，这样在比赛的时候，我再努力跑快一点儿，这么算下来，4 小时差不多可以完成吧。

然而，第二天起床，我发现左腿膝盖外侧疼痛难当，下楼都困难，只能一瘸一拐。幸运的是，一周后，疼痛消失了，我以为好了，这只是过度疲劳而已。于是，我又继续开始训练。跑 5 公里之后，左腿膝盖外侧的伤痛突然袭来。那一刻我才警觉，可能是受伤了。确实，髂胫束摩擦综合征，也叫跑步膝，通常是由于过度运动导致的炎症。当然，这些都是后来我学习了解的。那之后到比赛前 3 天，我每次只能跑 5 公里，5 公里之后疼痛立刻"见效"。

　　我心想，比赛肯定泡汤了。我内心已经放弃了，虽然还幻想着3天后奇迹发生，伤病能够痊愈。我至今还清晰地记得，那会儿正是在广州，在大成教练的课堂上，我做助教，当我跟我的老师、大成教练的创始人Michael Hall博士说起了结束课程后就要去参加我的第一个全程马拉松，而老麦（我们对他的亲密称呼）用狡黠的眼神看着我，说"我马拉松的最好成绩是2小时40分，在我27岁的时候创造的"时，我内心几乎崩溃。我坐在他旁边时，若无其事地说腿有点儿痛的时候，他还很郑重地问我伤痛的细节。我一方面轻描淡写，另一方面，又想着若是跑不了，岂非尴尬得很。内心犹如猫爪挠过一般，而在当初我第一次跑完10公里之后，在路上想起那个问题——"马拉松有多远？"时的宁静感觉，已经早已飘到九霄云外了。

　　在比赛的前一天晚上，我左思右想，最后还是决定了明天去参加比赛。我整理好参赛的各种用品，调好闹钟。入睡前，暗暗跟自己说了一句：就是"参加"一下而已。是的，仅仅是参加，我并未打算完成比赛。

　　带着平静以及仅仅只是证明自己来过而已的心态，第二天我早早来到了起点。我心里想着，等一下跑5公里之后，我就退出比赛，就算是参加了一下吧。

　　跑5公里之后，伤痛如约而至。我环视了四周，都是人（原来跑马拉松这么多人啊！），道路两旁挤满了人，还有隔离带，连个出口都没有。我心里闪过一丝尴尬的念头，这么早就退出了，人们（其实是自己）在内心里怕是会嘲笑我吧。这样想着，我硬着头皮继续向前"跑"，说是"跑"，其实是缓缓地蹭着前行，膝盖的伤痛造成左腿在弯曲 30 度的时候就会感觉到疼痛。我想要找个"出口"，可以退出的地方。

不知不觉，跑完 10 公里了。人群渐渐有些空隙，没有那么拥挤，可以找到一个不起眼的角落，悄悄退出比赛了。当我正要退出比赛的时候，我突然想起：这会儿退出比赛，还要跑 10 公里回到起点去拿寄存的包。算了，那么还是等收容车吧。

但是，对于第一次参赛的我来说，我并不知道，收容车是在后半程才出现的。如此这般，又磨蹭了 7 公里。跑完 17 公里的时候，看不见收容车，我咬了咬牙，算了，到半程退出吧。过了半程的岔口，收容车还没有看见。由于已经折返了，反正是往回走，那就边走边等车吧。我在内心这样想着。

在折返之后的赛道上，我大步流星。只要不是弯曲奔跑，膝盖的疼痛就没有那么明显。好在我的体能储备是足够的，虽说每一步都不容易，可因为想着要等收容车，我心里完全没有终点的概念。我只想可以在看见收容车前多走一步。就这么想着走着，不知不觉，来到第 28 公里时，终于看见了收容车从后面缓缓驶过。

就在我抬头看到收容车从我眼前开过的那一刻，我犹豫了。腿上的伤痛，好像没有那么强烈了，特别是大步向前走的时候，只要不是弯曲双腿奔跑，就不会影响。要不就继续试一试吧？算了，要不下次再来？这么犹豫间，等我再抬头想要招手时，收容车早已离我远去……

第 35 公里，我再一次看见了收容车。而此时此刻，我内心坚定了起来。还有 7 公里，我想，我大概可以完成我的第一个全程马拉松了。

5 小时 16 分之后，我越过了终点线！我瘫坐于路边的草坪。数年后，翻山越岭的尽头，当我在星光中越过 100公里的终点线时，我回忆此情此景，我才确定，那是一种宁静的感觉。

而此之后，我终于明白，何为聚焦当下。我突然体验到《网球的内在游戏》（《The Inner Game of Tennis》，中文版译名《身心合一的奇迹力量》）中所说的，玩好内心游戏的其中一个重点，就是身心合一。

如果我们总是想着实现目标的结果（实现目标的结果在未来发生，不是现在），那么，意味着我们没有聚焦于当下，在内心中，我们想着未来要实现的目标的想法却成了聚焦当下的干扰。从开始到完成，是一个进程。我们无法忽略进程，直接到达结果，虽然我们想要这样。当我们想要直接得到结果时，我们很容易就失去了耐心。所以，在我第一次完成马拉松之后，我知道，慢下来，比快更难。

后来，我总结自己的第一次马拉松经历，我意识到比较关键的两点，其一，我能够完成，重要的一个基础是通过日常的训练，我具备了完成全程马拉松的体能。其二，我差一点儿失败是因为我失去了平衡，一心想着结果，并且在信念中，对于马拉松长跑，其实充满了傲慢和自以为是的偏见。跑步嘛，谁不会呢？况且我都能差不多 3 小时跑完 30 公里了，不就是再多 12 公里嘛！我的内心深处，就是这样以为的。保持谦卑和敬畏可能是我永久的功课！而之后，之所以"意外"完成，也是因为回到了"平衡"，回到了"当下"，回到了每次多向前一步！

再后来，我读德国人欧根·赫里格尔写的《学箭悟禅录》。其中提到在日本的弓道练习中，练习者最后要被要求蒙上眼睛后再射出那一箭。当拉弦的手指松开，箭离弦而去的那一刻，我们就失去了对箭的掌控。决定箭能不能射中靶心，很大程度上，是之前射手拉弓放弦的力道和角度。

练习者需要练习的是拉弓瞄准的动作，千锤百炼之后，浑然于心，方能蒙上眼射出这一箭。所以，当欧根被问弓箭手的目标是什么时，答案不是靶心，而是自己。是掌控自己，方能得中靶心。

后来，长跑大神基普乔格在第一次马拉松"破2"（马拉松全程跑进2小时）的测试中创造用时2小时01分的当时人类最好成绩后说道：破纪录不是重点，为此付出的努力才是。最值得一提的不是这2小时01分，而是在背后为之付出的千万个小时。

要能处在这种放松的专注的状态，除了练习，别无他法。练习自己的内心游戏，练习自己从事该活动的具体技能，这两者相辅相成。本质上，是一回事。技能的终点，就是艺术。正如欧阳修的文章《卖油翁》中所说的：

"无他，惟手熟尔。"

内在游戏

教练，这个名词，是通过体育竞技为我们大众所熟知的。在竞技领域，教练是指训练和指导，以帮助个体或某个群体实现技能或竞技上的某个目的。不过，在 20 世纪 70 年代的美国，有一位网球教练拓展了这个名词的领域，赋予了这个名词更深刻的含义。他叫 Timothy Gallwey，开设了一家教授别人打网球的俱乐部，他教得又快又好。为此他通过电视媒体录制了一段视频，展示他是如何在网球场上，利用 20 分钟的时间，教会别人打网球的。至今我们仍可以看到这部当年的视频资料，在视频中，Timothy Gallwey 教一个身材胖胖的中年妇女莫莉学会了打网球。整个过程，他让莫莉把注意力集中在网球上，享受这个运动的乐趣，而不是在意自己打得好不好。最后，他教会了莫莉最困难的部分——发球。他让莫莉想象自己在跳舞，放松而优雅地高举手臂，跟着节奏伸展身体，抛出网球，挥动手臂击球。

Timothy Gallwey 把他发现的如何更快更好地学习打网球的秘密，称之为"网球的内在游戏（The Inner Game of Tennis)"。他写了这本书——《The Inner Game of Tennis》，一个人想要赢得外在比赛，那么首先要赢得内在的比赛。在那个他教莫莉打网球的视频中，他说道：通常我们学习一个新的技能，首先是我们需要先记住关于这个新技能的一些复杂的说明，然后我们要求我们的大脑遵守这些说明，掌控我们的身体实现这些要求。不幸的是，刚开始的时候，你的身体不是总能遵守那些你刚刚记住的关于新技能的复杂说明，也就是说，你表现得并不完美。于是，你的大脑就开始谴责你自己，比如"怎么这么简单都做不到""我真是太笨了""刚刚怎么又错了"之类的声音开始出现在脑海里。大部分的时候，我们并不享受这个令人沮丧的经历。

而现在，Timothy Gallwey 告诉我们，我们不需要这样。我们需要换一种学习的方式。在那个视频中，他对那些打算学习打网球的参与者举了一个例子。他说我们小时候怎么学习走路的，就怎么来学习打网球。学走路的时候，你的爸爸不会说"把你的左脚先迈出来,把重心放在上面，然后再迈出你的右脚"。而你也不会因为一次又一次地摔跤，就自己跟自己说"哦，我怎么做得这么差，我再也不想学走路了"。事实上，我们是看着大人如何走路，然后尝试着模仿大人的样子，我们通过不断地尝试和纠正（调整），尝试，再纠正（调整），最终学会了如何走路。没有人在外面告诉你走路时需要怎么调整你自己才可以学会，你会从你自己的经验里学习如何调整自己，而且你学得很快。你的内在不会评判自己，不会谴责自己，你享受这个成长的过程。他说，这就是内在游戏。我们用这样的方式来学习打网球。

因此，Timothy Gallwey 先让莫莉在身边看着自己击球的样子，然后告诉莫莉要盯着球，用词语来提醒自己，比如球飞来的时候就说"Bound（跳跃）"，球拍击中球的时候就说"Hit（击打）"。于是，莫莉先是看着球，在脑海中想象，不断说着"Bound""Hit"，渐渐地她挥出了球拍，球被击中了，反弹回对方的场地。同时，Timothy Gallwey 为了让莫莉感受到乐趣，他让莫莉注意观察网球飞行的优美的曲线，他也让莫莉注意聆听球拍击中网球时所发出的声音，让莫莉感受手臂的受力和肌肉的感觉。事实上，这些都是让莫莉把注意力集中在当下的感官体验中，从而减少莫莉内在对自我表现的评判。

慢慢地，莫莉不仅可以正手打到球，反手也可以打到球，而且，还可以通过移动来击打网球。你要知道，在此之前，莫莉参加这个活动的前一天，还在打退堂鼓。因为，她知道自己已经 20 年没有从事任何运动了，她想象中，自己总是会在追着网球跑，她不会击中球的。所以，当在网球场上，莫莉身着一条长裙，笨拙地在球场上走来走去，挥舞球拍，把球打过球网，落在对方场地的时候，莫莉的脸在阳光的照耀下散发出迷人的微笑，而她的视线，始终紧紧地跟随着那个飞来飞去跳跃的网球，神情专注，身体放松。此时，计时器显示的时间，过去了 17 分钟。

最后 3 分钟，Timothy Gallwey 教莫莉学习发球。一样的流程，他让莫莉先观察自己的发球，他在嘴里发出有节奏的"哒……哒"声，然后他让莫莉闭上眼睛，在心里想象自己做刚才的发球动作。就像一个舞蹈，抛出球，跟随节奏，挥动球拍击球。刚开始，莫莉的节奏掌握不好，没有击中网球。Timothy 说不用管自己表现得好不好，继续跳这个舞蹈，跟随节奏，同时，Timothy 发出"哒……哒"这样的声音引导莫莉的节奏。慢慢地，莫莉发球开始越来越娴熟。20 分钟之后，莫莉独自在球场上，小碎步地走来走去，挥舞球拍，她得到了打网球的第一个得分。

事实上，Timothy Gallwey 在那个视频中所做的行为，每一个都符合我们将要在本书中总结出的人类运作——也就是广义的沟通——其中的诀窍。随着我们谈话的深入，我们也将会慢慢揭示这诀窍其中的奥秘。Timothy Gallwey 做了正确的工作，从而产生了正确的效果。

在 Timothy Gallwey 的《The Inner Game of Tennis》这本书里，他所说的"内在游戏"，就是我们内心的心理活动，这些诞生于我们脑海中的各种各样的想法影响了我们的外在表现。他在书中提到，一个人要赢得外在游戏，首先要赢得自己的内在游戏。

这种内在游戏——我们的心理活动——影响了外在表现的案例，在竞技比赛中屡见不鲜。我们还经常使用另外一个我们熟知的术语来称呼这个——心理素质。大意就是维持自己内心心理活动的能力，也就是掌控自己内心想法的能力。

简单来说，内在游戏，就是指我们的大脑是如何思考、如何做出决定的。赢得内在游戏的意思，也就是能够掌控自己的内在心理活动，从而能够进行有效的思考。有的思考和决定我们可能并没有觉察，我们好像"自动化"反应一般，就是那么表现了。

现代的研究进展告诉我们，大脑的神经元之间形成了回路，这些脑神经回路通过感官知觉的刺激得到信息，并对应形成相应的"映射"关系。我们通过后天的学习（大部分的映射都是后天习得的）形成和强化某些神经连接回路，从而形成对于外部特定信息刺激的应对。这些就表现为我们大脑中的思想活动，并通过神经系统对我们的身体发出指令，产生外在的表现行为。

比如，你从电饭煲的蒸屉里取出滚烫的鸡蛋羹，手指接触到碗沿时，传来烫手的感觉，你的大脑神经系统首先映射了关于"烫手"这样的刺激回路，正常情况，你会把手缩回去。但是，你的前额叶开始工作，聚焦于你的目的——要把鸡蛋羹从蒸屉里取出来，所以，你的前额叶开始调用另外的神经回路，给你的手部肌肉发出指令，捏紧碗沿，迅速取出鸡蛋羹后放置在灶台上，完成后用嘴对着手指一顿猛吹。

内在的神经系统的运作——我们的思想"内在游戏"——决定了我们的外在行为表现。

再比如，你听到一首熟悉的曲子，这个特定的感官知觉映射到某个神经回路，这令你在大脑中回想起某个熟悉而印象深刻的场景，你可能会立刻潸然泪下或者荡气回肠。这些，都是内在的神经系统活动影响了我们的身体表现的具体例子。

内在游戏决定外在表现。

因此，如果我们要释放一个人的潜能，提升一个人的表现，我们就需要促进一个人赢得自己的内在游戏。教练，是一个如何玩好内在游戏的"游戏专家"。

现在的脑科学告诉我们，人类的注意力是单一的，大脑一次只能处理一件事。我们之所以感觉有些人能一心二用，那是我们的错觉。比如说开车的时候听电话，做饭的时候看视频，回信息的时候看孩子，等等。所有这些所谓的一心二用的情景，只不过是我们的大脑注意力在不同的活动中不断地切换的结果。只不过切换的速度很快，我们感觉起来，好像是在一心二用。

另一种状况是，某些信息在被感官系统接收进入大脑后，因为我们的技能足够熟练，神经回路对于此感官知觉的信息映射足够娴熟，这些信息的处理就像是在计算机的后台处理一样，你感觉不到思考的过程，因此你也就没有意识到你的注意力会集中在那些感官知觉上，好像你就能够一心二用一样。比如你的手指一接触到电脑键盘，自然就能凭借触觉感知到各个字母键子的位置，在你的注意力集中在电脑屏幕以及你自己脑海中的想法时，你根本没有注意你的手指的触觉信息，因此你好像可以一心二用一样。

事实上，我们专注的程度和持续的时间，决定了我们的表现。

在教练领域，有一个朴素的公式向我们揭示了这个原理。

$P = p - i$（表现 = 潜能 - 干扰）

一个人的表现是指当下我们所能观察到的一个人的行为举止，一个人在当下所能呈现的效果，比方说某人可以在 13 秒内跑完 100 米。而那阻碍我们表现的内在想法、信念，我们称之为"干扰"。潜能，则是指未知的可能性。尽可能地降低我们内心的干扰，从而可以尽可能地把潜在的可能性成真，使之表现出来。

我们可以想象一下，我们看过或者体验过的那些高空透明栈道。在距离地面很高的悬崖峭壁边缘，设置了一条底部透明的栈道。事实上，这是一条安全的栈道，和我们平时所行走的其他栈道一样安全。同样的，你个人的行走能力也和平时相同，当然，前提是你没有过量饮酒。可是，偏偏有些人的脚就是不听使唤，站在上面直打哆嗦，迈不开脚步。夸张一点儿的，甚至直接就瘫坐于地上了。虽然我们明明知道栈道是安全的，可是，视觉上的效果，使我们大脑神经系统产生了"恐惧"的体验，并对我们的身体发出了神经指令，从而就出现了我们刚刚描述的情景。有时候，如果我们大脑的前额叶皮层功能足够强大，可以克服这个"恐惧"的干扰，走过栈道。还有时候，如果我们事先并不知道这样一条透明的栈道，我们把眼睛蒙上，可能也会走过栈道。就如同电影《永不放弃》中的那一幕经典镜头一样，教练为了让布洛克体验他自己的可能性究竟有多大时，选择将他的双眼蒙住，让他在足球场上练习死亡爬行。所谓的死亡爬行，就是橄榄球运动员日常使用的一种训练方式，一个人四肢着地，背上则平躺一名队友，然后用四肢爬行，并且在爬行过程中，膝盖不能接触地面。

电影中的布洛克刚开始的时候，以为自己大概可以爬行 20 码（1 码大约 0.9 米）的距离，因为他们平时训练的距离是 10 码。然后觉得自己最多可以撑到 30 码，教练调侃对方，说觉得至少可以 50 码。布洛克摇头："没有人可以背一个人爬 50 码。"教练说："你可以。"说完用布蒙住了布洛克的眼睛。后来，在教练的激励下，布洛克蒙着眼睛，背负一个人爬完了大约 110 米长的足球场。

这些干扰，来自我们的内在信念，而内在信念，在生理学上，呈现为我们大脑内在选择何种神经回路来映射外部的感官信息。一朝被蛇咬，十年怕井绳。被蛇咬的体验足够强烈，以致当我们再次得到像蛇一样的视觉信息时，我们的神经系统立刻选择了防范的神经回路——恐惧——来帮助我们个体产生警觉。直到你定睛一看，原来是条滑溜溜的井绳，怦怦的心跳才放缓下来。

如果我们能够觉察到我们的内在信念和想法，我们能够区分哪些是现实的恐惧，哪些是头脑创造出来的恐惧，我们有机会可以重新选择不同的脑神经回路——信念——来思考和应对，从而创造出不同的想法以及外在的表现。

　　这个过程，我们称之为潜能的释放。在公式中，当"干扰"为 0 的时候，潜能则完全表现出来，也就是我们实现了在当下自己最好的表现。干扰为 0，也意味着我们处于一种完全投入、完全专注于当下的状态之中。正如心理学家米哈伊·切克森米哈伊所提出的"心流"，一个人完全忘我地投入在某个活动当中，进入一个"天才"的状态。这就是赢得内在游戏的特征，获得内心的宁静与放松，专注于当下，心无旁骛，从而将此时此刻的所有可能性释放，实现自己最好的表现，成为最好的自己。

　　那么，究竟是什么阻碍了我们成为最好的自己呢？在我们的内心深处，那个阻碍我们的"干扰"，是什么呢？

03 到崖边来

　　2001 年，怀着忧郁且复杂的心情，作为一名体制内的事业编制人员，我毅然决然地选择了离开，一身孤勇地走出了家乡。身后是家人不解与失望的眼神，我知道，但我却不想回头。

　　在我离开家乡后，辗转经年，我无比清晰地记得那个日子——在经历"非典"后的那个夏天，2003 年 8 月 23 日的晚上。走出上海地铁 2 号线龙阳路站的时候，面对四周杂乱的施工围栏，在刺眼的塔吊上的照明灯和道路旁边昏暗的路灯交相照耀下，我深一脚浅一脚地拖着那只巨大的行李箱——那是我全部的家当，摸索着走向那即将成为我同事的朋友所租的住所。在那个狭长的一楼房间的客厅里，有一张木制的长椅将会是我在上海临时的住所。

　　这么多年，我一直心怀感恩，对那个夜晚。不仅是对那张睡了一周的长椅，以及那位提供了那张长椅的同事。更重要的是，许多年来，那一晚内心的体验，每每在一些关键的转折点来临的时刻，都若有若无的萦绕在我的内心。

第二天，在从那张不能完全伸直身体的长椅上醒来，带着还未完全消散的那种复杂情绪体验，我来到我全新的工作单位——一家软件开发公司，做一名销售实施顾问。办完入职手续，刚在座位上坐下，就接到上司给我的第一份工作——为客户撰写一份解决方案。那份原本即将淡去的复杂情绪，又再次怦然升起。在此之前，我的电脑软件知识仅仅局限于在网吧帮人重装操作系统而已。

后来，在我经历了100公里越野赛失败后（准确地说，100公里越野马拉松比赛，我前后失败了3次）的那一年，我选择再次站立在浙江东海之滨宁海的群山之间，重新准备出发的那一刻，我才全然理解，这些年每到这些关键的转折点的时刻，在背后推动我的那个感觉，究竟是什么样的复杂体验，以及究竟对我意义何在。

这种感觉，每一次，在我面临未知的关键时刻，都涌现在我的内心。就像我走在山崖的边缘时，探头看向深不可测的崖底时，内心所涌现的感觉。是的，就是恐惧！然而，并非仅仅只是恐惧。很多时候，我们并没有意识到，真正阻碍我们的，只是内心的恐惧而已。就像我在软件公司，作为一名销售顾问，整整3年，没有成交。并非我不够努力，有段时间，整日坐在摇晃的绿皮火车车厢里天南地北地跑，有时是上午到一个城市，晚上就坐上火车前往下一个城市。

直到我走入了教练的课堂，直面自己的内心时，我才真正地意识到，虽然我足够努力，可是，真正阻碍我成交的，是我内心的恐惧。这种恐惧，若有若无，却永不消散，就像画板的底色、舞台的背景，在内心深处。而我却一直回避它、躲藏它，我越是回避和躲藏，就越不能直面我的渴望。限制我的，是我自己的内心。

在我重新选择站在 100 公里越野比赛的起跑线上的时候，桂花的香味从身后暗暗浸过我的鼻腔。我意识到，每一次在未知的边缘时，我能跨前一步，混在内心的复杂体验里，是恐惧和兴奋，以及勇敢。正是这些，推动我跨前一步。就像我从长距离的跑步中得到的——最困难的就是开始，一旦开始，我们就完成了最困难的部分——克服内心的恐惧。

而那三年没有成交的日子，我回避了内心的恐惧，但并没有克服它。它成了我的底色和背景，我不看它，不代表它不在。

此后，我把这个底色放到了台前，也就是我的眼前，直面这个恐惧。在新的公司，当时全球最大教练培训公司，我用了 6 个月的时间，把个人业绩做到了占公司的 50%。

后来，每一次，当我听到教练对话中，客户说他有一个想要实现的目标时，我都会跟他们说：

"太好了，去做吧！"
"什么？！你做不了？"
"好吧，那么在你的内心，是什么阻碍了你？"

答案大多数都是恐惧！是的，阻碍我们的"干扰"，归根结底，往往都是恐惧。我们会恐惧很多内容，失败、错误、被耻笑、付出代价，等等。这就像我们来到崖边的时候，我们感到恐惧一样，那样真切，因为有危险。

但大部分时候，危险都不会像真正的崖边一样，而是关于生命安全的。大部分的时候，当我们来到我们认知和体验的边界时，危险是关于认知的——失败是危险的，被嘲笑是危险的，不被认可是危险的，付出代价是危险的，如此等等。

在面对未知的时候，我们有两种基本的情绪。一种是恐惧，另外一种，是好奇。这两种情绪，在我们的身体反应中，几乎没有什么差别。就好像紧张和兴奋，在生理反应上，都无外乎是心跳加快、血压升高、呼吸急促，等等。差别存在于我们的脑海，存在于我们脑海中的关于此情此景的想法。在面对那些未知的岔路时，想象危险时，感受到的是恐惧；想象未知的乐趣以及克服恐惧后带来的成就时，感受到的是好奇和兴奋。

这完全取决于我们自己如何思考，我们怎么想，我们的身体就怎么反应。也就是，我们的大脑决定给我们的身体——神经系统——发送一条怎样的指令。

我们每一个人都拥有可能性，但重要的是，我们如何让这些"可能性"成真呢？

$$P=p-i（表现 = 潜能 - 干扰）$$

把那些潜在的可能性释放出来，成为现实的表现，这是教练的重要工作，也是内在游戏的核心。

唯一的答案就是不断地尝试，不管我们拥有多少可能性，不去尝试和行动，一切都等于零。

所以，教练的核心，就是要挑战一个人的认知和表现的边界，然后再推他们一把。

欢迎到崖边来……

促进进程

因此，教练，当我在使用这个名词的时候，我在说的是一个针对内在游戏的游戏、一个如何赢得自己内在游戏的游戏。内在游戏在我们的生命活动中，无所不在。我们活着，就不停进行这个游戏。那么，我们有多擅长赢得自己的"内在游戏"呢？

当我们练习正手挥拍击球时，面对球下网了，我们在内在是如何与自己对话的呢？

是充满抱怨地对自己说：你看，又下网了！真没用，连着练习了这么多天了，还不行。你真不是有运动细胞的人。

还是你可以对自己说：哇！又下网了，看来要掌握这个动作还需要更多的诀窍，需要有针对性地多练习，最好能有专家指导一下，好知道关键在哪里。当我调整好了动作后，这一定是一个很有意思的过程。

我们在内在创造出一个"自我"和另一个"自我"对话，我们创造的那个自我是如何对待自我的呢？是很友好的吗？还是虐待自我？是帮助自我实现自我意图的吗？还是给自我设置阻碍和干扰的？赢得内在游戏，就是建立一个帮助自己更有效实现自我意图的内在思考过程，进行有效且有质量的思考。举个例子，想一想，有多少次，当我们有某个意图的时候，后面会跟一个"但是"。在我用教练对话服务过的客户里，很多客户有这样的思维模式。"我想要去做投资，但是我对数字不敏感……""我想要全盘操作一个营销项目，但是我很害怕做具体的细节……"等等。想一想，那些我们内心的每一个"但是"是帮助我们做得更好了还是拖了我们的后腿呢？

我们的这些内在的想法活动，构成了我们内在游戏的内容。这些内容，有时候作为创造出这些内容的自我都尚未觉察，何况如果我们不说，外人自难分晓。而教练，也就是要帮助（我暂且先用这个词语）对方赢得自己的内在游戏的人，要如何才能做到这个工作呢？

很明显，现代科技还没有发明出一个精准阅读他人思想的机器，我们也不能像周星驰的电影《大话西游》里的紫霞仙子一样，可以动辄把自己缩小，深入人心，和他们的心脏对话。

但作为教练，我们需要做好这个工作，而且唯一可以利用的方式，就是和他们进行对话。是的，就是对话，只不过是一个非同寻常的对话，可以深入人心的对话。

这和日常的闲谈不同，这和我们的演讲、培训、咨询等都不同。在这个过程中，我们要探索的，是一个人内在的思想，一个人如何思考才能实现他们真正想要得到的效果，虽然在此之前大多数人还并不清楚自己真正想要得到什么样的效果。而这是一个不为他人掌控，是一个仅仅由当事人自己掌控的领域。换句话说，就是，一个人怎么想、想什么，完全是自己决定的。可看起来又不完全是这样的，因为如果是完全自己决定的，那为什么我们知道那么多道理，可我们还是不能做到呢？改变想法，是最简单的，也是最困难的。

那么，既然如此，这样的教练对话究竟有何特别之处，以及又究竟如何可以实现"帮助"一个人改变自己内在的想法，赢得自我的内在游戏的呢？

这个问题的答案，既简单又复杂。在我们缓缓展开之前，让我们先从概括的角度，来谈一谈，教练对话是如何发生作用的。

教练对话利用三个效果来产生作用：觉察、承责、优化。

我在我的教练课程上问参加者：今天早晨出门的时候，没有照镜子的同学请举手。每一次，当我问这个问题的时候，总归是有那么一两位举手的同学。而当我再问：从来不照镜子的请举手。直至今日，我还没有看到有人在这个问题上举手。我们总是会去照镜子，甚至有人会随时携带一面镜子。比起这些随时携带镜子以及早晨出门前照一下镜子而言，更难理解的是，甚至有些人，晚上上床睡觉前最后一件事，也是照镜子。是的，至少说明了我们离不开镜子。照镜子这件事对于我们而言，再普通不过了。可是，如果我们仔细一点儿，你会发现地球上目前没有任何一个物种，像我们人类这样需要镜子，对吧？你们家的狗，不会在出门遛弯前先去照一下镜子，可是作为人，我们会。从一点来看，照镜子非同寻常。

那么，我们为什么需要照镜子呢？

在没有镜子的时候，你是如何照镜子的？古人以铜为镜，以水为镜，现在，我们用手机的摄像头或利用街边的橱窗，等等。总之，我们需要的实际是一个反射的角度。镜子，作为一种工具，为我们提供了我们自身无法观察到的角度。我们自己看不到自己的脸，所以我们需要有一个工具为我们提供一个角度，以致我们可以观察到自己的脸。我们为什么想要看的自己的脸呢？为什么狗从来没有这个需求，想要看看自己的脸呢？因为我们拥有自我认知，我们在内在游戏中可以创造出一个"自我"来观察"自我"。这是一种智能。

关于这一点，我们暂且先放一放。我们回到镜子的具体作用上来，也就是提供给我们一个看不到的角度，从而可以看到更多的信息。比如出门前照一下镜子，看看自己的妆容是否整洁，看看自己的领带是否规整。

我们获得了这些信息后，才知道如何调整。

同样，对于我们的内在游戏，也就是我们脑海中的思想活动，如果我们想要管理和掌控它们，我们得先知道它们是什么样的。想要掌控内在游戏，得先了解内在游戏！第一个，我们需要了解的，就是我正在玩的内在游戏具体有什么内容。

我有一个教练对话的客户，在第一次的教练对话中，开始了大约10多分钟后，我对她说："在刚刚差不多10分钟的对话中，每一次你回应我的时候，都是从'没有'或者'不是'开始的。"

对方立刻回应说："没有啊！"

我笑了，说："你刚刚又做了一次。"

对方把身子往后仰了一下："不是。"

我不等她继续，伸出两个手指，笑着对她："第二次。"

"没有，我是说……"

"第三次。"我继续举着三根手指看着对方。

"没有，我是想要说……"

"第四次。"我继续举着手指，又增多一根，看着她。

这时，她停了下来，看了我一眼，把头偏过去，说："是的。"

……

我们想要发生改变之前，首先得觉察到要改变什么。想要赢得内在游戏，就需要先知道内在游戏正在发生的是什么。可是，一个人的内在世界，就如同前面所言，我们不是电影《大话西游》中的紫霞仙子，现如今也没有一台可以精准阅读人类思想的仪器，一个人的内在世界，只有他们自己知道正在发生什么。那么，作为外人，我们又如何建立觉察呢？

当然不是教练去觉察，是客户自己去觉察自己的内在游戏。教练要做的，就是促进对方去建立自我觉察。就如同镜子，镜子不能直接告诉你，镜子是沉默的；只有自己去看镜子里的自己，才能看到不同的角度。但至少，得先有一面这样的镜子。在后面，我们会再谈到，我们要怎么做才能成为一面这样的镜子。

当我们产生了自我觉察，接下来，另一个重要的效果，就是需要建立承责。什么是承责呢？当然从字面上看，就是承担责任。承担什么责任呢？自己是自己内在游戏的主人，我们自己决定了我们内在游戏怎么玩，这就像是我们自编自导自演的一部电影，游戏玩得如何以及电影怎么演、情节怎么发展，我们得承担起自己做决定的责任。我们得承认，这是我自己的事。

这就好比一个健康的成年人在照镜子时，发现镜子里的人胡子只剃了半边时，不会怪罪镜子有问题，也不会拿剃须刀在镜子上刮来刮去一样。健康的成年人知道镜子里反映的只是一个"结果"，而照镜子的人才是产生这个结果的"原因"。通过镜子提供的"果"，我们看到自我身上的"因"。承责的意思，也就是说在自我的内在游戏中，"我"才是真正的"因"。正如古语所言：行有不得，反求诸己。

话虽如此，可事实却并非如此。对于很多人而言，这并非易事。从这一点上来讲，凶猛的对话之所以凶猛，也正是因为矛头直指那个核心——"我才是因"，这充满了挑战。

要承认并在内心中建立这个"因"，需要很多支持和挑战。这是一件充满了技能和艺术的工作，在我无数次的教练对话服务中，客户是否承责这一点，也是我用来识别一个人是否准备好面对这样一个凶猛的对话的关键所在。

教练对话的第三个效果：优化。这好比化学反应的催化剂，改变了化学反应的速度。教练对话改变了当事人玩好自我内在游戏的效率，当事人的内在游戏得到了优化。很多人在改变的时候会觉得困难，特别是那些顽固的想法，在脑海中挥之不去。那是因为我们并不擅长改变，也缺少改变的方法和工具。要改变那些顽固的想法，有时候，只要找到一个支点，改变可能瞬间就会发生。

优化同样会伴随着觉察一起发生。有一次，在教练对话中，客户告诉教练，说自己一定要去学习英语，但不是现在，而是在 3 年之后。教练很好奇，问对方为什么呢？对方告诉教练，自己这几年还有更重要的工作要做，太忙了，没有时间学习英语。所以自己计划用 3 年的时间把最紧要的工作完成后，再开始学习英语。不过，客户又不情愿如此，觉得英语很重要，早一天学就早一天受益。客户被卡住了，犹豫不决。

在对话僵住的时候，我打断了他们。

我问了客户："你说没有时间学英语，你需要多少时间学习英语？"

客户想了想，说："每天至少需要 3 小时。"

　　我点点头："确实，如果是每天都需要 3 小时的话，听起来这确实会是一个难题。"

　　客户连连点头。

　　我转调一问："那么如果每天学习 30 分钟时间的英语，算不算学英语呢？"

　　客户愣了愣，举手挠头，点头说："算的。"

　　然后客户转身说道："是啊，我可以每天学 30 分钟的，15 分钟也行啊。那我现在就可以开始了啊。"

　　这是一个常见的教练对话类型，客户被卡住了，改变其实就在一瞬间发生。客户没有仔细觉察自己的内在游戏（在上面的例子里，客户的内在游戏就是学英语需要长段的时间、需要连续、并且客户想要一气呵成，学了就要学会。客户没有意识到自己对于学习时间的思考信念，从而将自我困在"没有时间"的想法之中），而通过一个简单的澄清，客户觉察到了自我对于学习的时间框架，从而做出了改变。我们找到了那个优化的改变支点——30 分钟。

　　优化的核心，就是改变我们内在想法，这在本质上是改变了我们内在的"意义"。就像如果我们认为失败是打击的话，我们就会沮丧；可是如果我们换一个意义，认为失败只是一种反馈，在告诉我们哪些是不管用的，那么面对失败我们的做法可能就是从中学习和总结经验。

教练对话，通过这重要的三种效果，"帮助"对方去赢得自己的内在游戏。不过，我还是暂时使用了"帮助"这个加了引号的词。为什么呢？

无论是哪一种效果，这些都是关于当事人自己的内在游戏，只有他们自己去觉察、去承责、去优化，意思是，这些具体的工作，改变内在游戏的工作，是当事人自己完成的。任何一个人都不能代替对方做到，因为，这是他们自己的内在游戏，只能也仅仅只能由他们自己来掌控。

那么教练在做什么工作呢？教练所做的工作，就是促进这个进程的发生。促进客户自我觉察、促进客户承责、促进客户优化内在游戏（若无特殊说明，本书中所有的"客户"都是指接受教练对话的对象）。这也是教练对话不同于其他对话的核心关键，教练处理和工作的内容是：促进进程。在客户赢得自我的内在游戏过程中，教练通过对话促进了这个过程，从而当客户得到促进后赢得自我的内在游戏后，呈现为释放了自我的内在潜能，拥有了更好的自我表现。

因此，这和平常的其他对话很不相同。由于这是客户自己的内在游戏，我们不能告诉客户或者命令客户，你应该这么想或者那么想。很明显，因为如果告诉别人该怎么想对方就能怎么想的话，就不存在领导力这回事了。这个对话，教练并不处理客户如何思考这个问题，教练处理的是如何促进客户有效思考这个进程。

那么，作为一个促进进程的对话，和其他的对话具体的差别究竟在哪里呢？

首先，这样的对话，是一个单向对话。对话仅仅关于客户的内在游戏，这是唯一的对话方向，目的就是通过探索和改变客户的内在游戏，实现客户自身想要实现的效果。对话只和客户有关，与教练无关，与他人无关。

第二，因为对话关联内在游戏，也就是对话需要有深入客户的内心、深入客户脑海中的意义。这是一个反思的对话。

第三，这个对话是为了改变。客户通过对话，可以实现某些不同的效果，从客观上来说，客户需要发生改变。这个改变，是服务于客户内心想要实现的效果的，是一个正面的可持续的改变。通常而言，改变需要在对话中发生，以致可以被观察和感知，是一个现实的当下的改变。

第四，这些改变和学习，释放了客户的潜能，推动客户走向释放自己内在潜能的道路，从而迈向自我实现的进程。通过这样的对话，启发和挑战一个人勇敢地活出自己内在的目的，并基于内在的热情，探索自我生命的可能性。这是一个关于活出自我生命目的、将可能性成真的对话！

第五，整体来看，这样的对话促使客户获得了力量，得到了澄清，做出了改变，实现了内心涌现的效果。客户在内心获得了"激励"，从而在外在表现出了对于自我想达成的目的的投入度的提升。而"投入度"直接影响了我们当下的表现，决定了我们在当下的可能性有多大。教练对话，本质上是一个"激励人心"的对话。

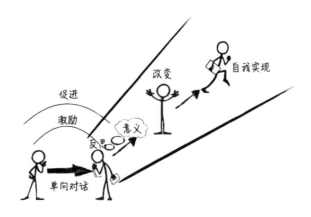

这样一个促进的对话，除了拥有以上的特征之外，作为一个促进的进程，我们应促进一个人赢得自己的内在游戏。那么，这个内在游戏的内容具体体现在哪些方面呢？

我们一共有七个重要的进程内容得到了促进。

第一，促进了沟通，这体现为客户清晰地认识到自我脑海中的想法，以及更加精准地表达自己脑海中的想法。

第二，促进了自我认知。随着对自我脑海中的想法清晰程度的提高，客户增加了对自我的认知，这体现为客户更加理解自我，理解自我的偏好、目的，以及自我究竟是如何运作的。

第三，促进了关系。这体现在两个方面，一是客户与自我的关系得到了促进，二是客户和他人的关系得到促进。更准确地说，是促进了客户在关系中获得满足的体验。

第四，促进了学习，以及"去"学习（习惯是学习得到的，改变某些习惯，就是去除某个学习）。

第五，促进了改变。

第六，促进了意义的优化。这和前面促进学习和改变本质上是一致的。学习是增加了认知和意义，改变也是认知和信念框架发生了变化，这都体现在意义的改变上。不仅如此，在促进意义的优化中，还有体现为促进了意义的释放。

第七，促进了自我实现。自我实现本质上是一个人成长为一个完全智能的人类，能基于人类智能的特征而生活。这也是人类拥有潜能的意义，也就是在追寻和探索个体生命的可能性。教练对话，在本质和方向上，这就是我们教练所追求的！

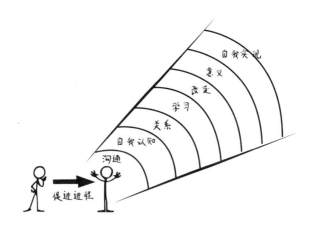

因此，既然教练的工作形式是对话，而核心是促进的话，那么这也就决定了教练所需的技能和知识。除了基础的沟通技能之外，教练还需要理解一个人究竟是如何运作的，也就是人如何成为一个"人"，如何可以释放内在的无限潜能，如何实现我们拥有"智能"的特征。

而这一切的工作，最后会以对话的形式呈现出来。这个对话是有目的的，教练在其中所做的每一个行为，都要服务于如何促进客户的内在游戏这个目的。这样的对话，充满了技巧和原则，绝非闲谈。这就好比普通人搏斗时，胡乱挥拳，随意踢腿；而专业的无限制格斗中，专业选手的每一次出拳，每一次的移动，都是经过训练的，是刻意为之的。

可是，正是因为这个技能——对话，是我们日常就无时无刻不在使用的，我们每一个人都有自己对话时的风格习性。这些构成了学习教练对话技能的巨大阻碍。就像大部分的时候，我们学会用左手（针对右利手的人们）使用筷子或者写字的阻碍，恰恰是我们的右手一样。

困难不是如何学习，困难是如何"去"学习。这里的"去"，是指去除、消除的意思。

那么，作为教练，我们的基本的技能有哪些呢？

如果从交流对话的形式上而言，只有聆听和表达。可是要是从教练对话的目的是促进的角度上来看，这些聆听和表达就需要很不一样。我们需要知道如何听以及听什么，并且要知道听到了之后如何处理和应对。同样，表达的时候，由于对话的目的和方向是关于客户，而非教练自己，所以表达需要匹配和服务于客户，要能够知道如何表达以及表达什么才能促进客户赢得内在游戏。

本质上，这就是沟通的全部，如何通过交流互动影响和促进一个人成为最好的自己，拥有当下最好的表现，实现自己想要实现的效果。事实上，这也是领导力的核心。

05

沟通

我们的生活就是一场广义的沟通！

我们选择了如何沟通，就是选择了如何生活。

当我们说"对话"的时候,我们在讲的是一个广义的交流。当然,主要形式是通过语言。通常,我们也把这种交流称之为"沟通"。这是我们日常活动的主要进行方式,也是我们大部分工作的进行形式,意思是,我们的很多工作,其实就是通过这样或那样的"对话"与"沟通"来进行的。谈判、演讲、会议、销售、教育、写作、采访、培训、咨询、讨论、管理,等等。因此,沟通和对话的有效性,构成我们很多工作有效性的基础,事实上,这是我们的基础技能。

不仅仅是工作,从更广义的角度来看的话,生命在形式上也是一种"沟通",生命个体和外部世界交换信息和能量,产生了所谓的"生命活动",我们称之为新陈代谢。从最简单的生命形式单细胞生物到复杂的比如我们人类,我们在生命个体的呈现形式上,都体现了这样的一种信息和能量的交换。有的简单,有的复杂。生命体通过感觉器官获取外部的刺激信息,在内在生命机制的作用下,对外部刺激产生应对。比如绿色植物接收阳光的能量,通过叶绿素进行光合作用，利用光的能量将二氧化碳和水结合之后，转化为生物有机能，通过糖的形式进行储存并释放出氧气。这个过程中，能量和物质进行了交换，绿色植物从外部接收了能量和物质，通过自身的运作，输出了另外一种形式的能量和物质。

我们的大脑就像一台设计好的计算机，输入信息，输出结果。所有的生命体也是如此，有的简单，有的复杂。生命体通过感觉器官获取外部的刺激信息，在内在生命机制（通过 DNA 密码存储和复制）的作用下，对外部刺激产生应对。比如说鸟类的眼睛中含有一种特殊的蛋白，可以对磁场产生感应，从而获得这种方向上的信息，同时，其体内的生物机制对此信息进行处理，通过神经系统对生物体发出指令，调整其飞行的路线和方向。

有的应对机制已经设置好了，通过 DNA 存储在生物体内，有的是后天学习，形成神经系统的回路，对应外在的某种刺激形成映射关系。

这就是我们的沟通过程，通过我们的感官知觉获取外部信息，在大脑中选择相应的神经回路进行映射，从而对机体发出神经冲动（指令），机体感受到神经冲动（指令），从而表现出某种行为，对外部世界产生影响。你的手指碰到滚烫的开水壶，知觉系统就会感知到温度，大脑神经系统立刻对此"感官知觉"形成映射，对你的手指肌肉发出神经冲动（指令），你把手指缩了回去。

不仅如此，我们在和人交流互动的时候，也同样遵循这样的模式。我们看到对方、听到某些声音，这些感官知觉通过我们的神经系统形成意义映射，或者是字符映射，就如同你现在眼睛看到这些字符的感官信息，在脑海中马上对应形成了意义的表象，这些信息通过大脑的处理，我们会选择使用某种神经回路来映射，从而形成对机体的神经冲动和指令，我们表现出某些感受和行为。

在此过程中，有两个关键节点。第一，我们如何获取信息；第二，我们如何选择神经回路来映射该信息。由于我们总是局限于我们的感官系统，比如我们不能像鸟一样感受到磁场，我们不能像蛇一样感知到红外线，我们不能像蝙蝠一样感知到超声波，我们只能选择我们感官所能获取的信息。我们通过感官获取外部信息，在大脑和神经系统中选择相应的神经回路进行映射，从而对机体发出神经冲动（指令），机体感受到神经冲动（指令），产生反应。这个过程，伴随着不断的刺激（外部信息和能量）和反应——或者说"沟通"，塑造了我们的大脑，形成认知。

这些并不完整的信息进入大脑后，大脑基于过往的应对策略，首先选择熟悉的神经回路来处理。这些神经回路，也就是我们的认知。最明显的，就是人类对于语言的学习。比如说你现在阅读的这些字符，是汉字，是独特的意义符号。一个不懂汉语的人，看到这些感官信息，也就是这些字符，他们不能在脑海中建立任何有关于此的意义表象。

从本质上来说，语言是大脑的神经系统对于声音和视觉符号（文字）或者触觉符号（盲文）的映射。这种映射，建立于长期的"沟通"过程中。比如说，一个小婴孩，在父母养育照顾的过程中，首先建立的是关于父母的视觉以及他们的声音和气味的映射关系。这样的一种视觉形象、声音特征对应了得到照顾和需求的满足，形成了最初的依赖关系。慢慢地，小婴孩听到"妈妈""爸爸"这两个总是重复的音节，这两个音节同时也指向了视觉形象（看到的父母），神经系统建立了对这两个音节的映射，"妈妈"是指谁，"爸爸"是指谁。小婴孩不仅听到这个声音，还听到另一个总是出现的音节——"宝宝"或者"贝贝"（孩子的小名），小婴孩开始把这个音节和自我建立了对应的映射关系。再后来，这些音节又对应了视觉上的某种符号。所以，再后来当我们看到这些符号或听到这些音节的时候，我们内心会涌现出关于这些符号和音节对应的想法，这些想法，也就是我们内在的神经元之间的生理化学活动，对我们的机体产生指令，我们就拥有了各种各样的生命表现。

这些感官知觉，也就是我们赖以接收信息的渠道，我们称之为"表象"。著名的神经科学家安东尼奥·达玛希奥在他的著作中告诉我们，大脑依赖于这些表象进行思考，人类的意识，就是指这些"表象"。离开了这些表象，我们无法思考。

我们先天拥有的表象，就是我们天生的感官知觉系统。表现为：视听触味嗅，以及对重力的感应——平衡感，和身体内部的内在感觉（呼吸、胃肠蠕动、心跳等）。当然，我们还有一个后天学习得到的表象：语言。

不同的是，语言是一种"加工"过的表象。这就像是数学中的那些代替了数字的字符，我们用一些音节和符号来编码原始的感官表象。比如说"红"这个字，这些线条通过这样的方式排列在一起，当我们看到这个字符的时候，其就指代了某些表象。最简单的，看到这个字符时，我们在脑海中出现的表象可能是视觉"红色"。当然，也有可能是某种红色的水果，或者颜料。甚至，可能还会出现某个当红的明星。语言的魅力就在于此，就像我们的认知，我们的大脑，充满了可能性！

而这样的可能性，带来了沟通上的艺术性的同时，也同样带来了沟通在精准性上的挑战。

除了因为语言本身的编码属性带来的原因之外，还有一个因素。就是我们不能完全地处理所有我们接收到的信息。相对我们大脑的处理速度，我们接收到的信息太多了（根据相关数据，我们的感官每秒钟接收到的信息大约有100万字节，而我们的大脑意识一般情况下每秒能处理大约50字节的信息）。因此，我们会有所选择地关注大脑认为有用的信息。这就人为地形成了删减。这个删减的机制，一是我们生物体自我的感官知觉偏好，二是生物体成长过程中所形成的神经回路偏好，这些表现为我们的习惯、认知、文化、信念、价值观、过往的经验回忆，等等。

这种删减，也体现在我们的沟通的语言中。而且，这形成了我们在对话沟通的过程中，影响沟通的有效性的关键核心。我会在随后的章节中为大家一一道来。

语言的编码属性，构成了我们大脑中神经系统的映射机制，这形成了我们的认知。也就是我们对原始的感官表象所采取的映射机制。我们把这种映射，命名为"意义"。就如同你用眼睛看到这些线条的组合时，你的脑海中将这些视觉信息映射为各种表象，能够建立表象，可能意味着你建立了理解，你获取了其中的意义，或者说你自己建立了其中的意义。有的，你并不能在脑海中建立表象，那么意味着你还不能得到或建立意义，意味着你还没有建立理解。

同样，关于这个部分，我也会在后续慢慢解释。而到目前为止，我们需要理解的，就是我们通过感官知觉接受信息和能量，通过神经系统对此信息和能量建立映射关系，从而能够对这些信息和能量做出回应，这就是沟通。这种映射关系，通过后天的学习，建立在我们的神经系统的可塑性上（也就是大脑的可塑性，关于这一点，从20世纪90年代后期开始，脑科学开始趋向于大脑是拥有可塑性的论点，包括临床上的证据）。这意味着，我们可以选择如何沟通，同时也表现为我们选择如何生活。

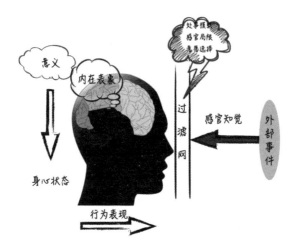

06

聆听

等一下，你先听我说……

嗯，你说过这句话吧？或者这正是你常说的话。是的，阻碍我们沟通的，不是我们说少了，而是我们听得太少了。

聆听，是沟通的核心。而它对于教练对话而言，更是最为关键的能力。有时候，单单是一个纯粹的聆听，就可以创造出改变。

可问题是，听起来"聆听"这个能力大部分的人都拥有，我们只要"听"就好了。但这又恰恰是最困难的技能。在我帮助那些想要学会教练对话的人们的过程里，最阻碍我们对话的技能，便是"聆听"。我时常强调，我们的沟通效果不会超过我们的聆听水平。同样，我们的教练对话效果也不会超过我们的聆听水平。

为什么聆听这么稀缺和珍贵呢？聆听作为一个技能，一个行为，本质上，是在接受信息。通过我们的感官系统，接收外部的信息。作为感官的生理功能，大多数的正常人在这些功能上的区别并不大。那为什么我们的聆听还这么难得呢？因为重要的不仅仅是接收信息，更重要的是对接收到的信息的理解。稀缺的不是聆听，稀缺的是理解。

那么我们如何更好地建立理解呢？

我想先从这个词语的本质说起。首先，当我们在使用"理解"这个词语的时候，我们在说的是什么。怎样才算是"理解"呢？字面的意思，就是"知道了""清楚了""懂了""明白"等等。当我们使用这些词语的时候，那又是什么意思呢？在我们的大脑中，我们说这些词的时候，大脑在发生什么？

我们先来看以下的文字符号：

สีแดงทับทิม

أحمر

красный

Red

红色

这些字符，有的你能理解，有的可能你不能理解。你所理解的，可能是"Red"和"红色"，你看到这两个字符的时候，你可以在脑海中建立对应的表象。而对于前面的三个字符，如果你没有学习过，你是第一次见到的话，那么你其实无法在脑海中建立与之对应的表象。

我们再举个例子，请看下面的数学公式。

$$F\left(n\right) = \frac{\left(\frac{\sqrt{5}+1}{2}\right)^n - \left(\frac{1-\sqrt{5}}{2}\right)^n}{\sqrt{5}}$$

这是斐波那契数列的数学表达公式，对于一个第一次接触这个公式的人来说，第一眼看到这个公式，恐怕并不能理解它表达了什么。

可是，如果重新表达为：

$$a_n = a_{n-1} + a_{n-2}$$

那么大概我们会有一个关于这些数列的表象：1，1，2，3，5，8，13，21，……

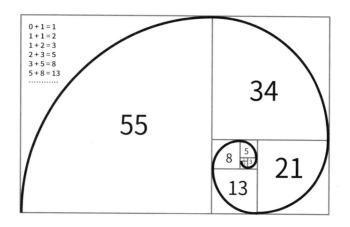

我们用图形来呈现的话，是不是理解起来更清晰了？

　　理解的程度，就是我们对所要理解的对象（静态和动态）所能获得的表象的清晰程度。理解，对应了我们脑海中的地图（认知）。本质上，就是在脑海中建立与此对应的相关表象，也就是神经系统中建立了相对应的映射关系，这种映射在物理层面体现为神经元（神经细胞）之间的连接回路。

　　所以，理解的本质，就是我们能够在脑海中形成对理解对象的表象。这个表象的清晰程度和表象形成的过程的清晰程度就是我们的理解程度。

　　表象在尺度上有两个方向——宏观和微观。我们对"世界"宏观上的理解形成了哲学，对"世界"微观上的理解形成了科学。科学的发展基本体现出理解尺度越来越微观化，从经典物理学到量子物理学，从生物体的研究到组织再到细胞甚至基因，等等。这些科学的深入发展，无一不体现了我们对这个"世界"的理解上的不断微观化。

这些科学的发展，很重要的一个技术转折点，是人类发现了玻璃，然后利用玻璃制造出了凸透镜和凹透镜。这些光学的工具，延伸了我们的眼睛，让我们得以在更加微小和更加遥远的尺度上形成"表象"。直到后来，电子显微镜的制造，这些使得我们"理解"世界的程度越来越深入。

而这些微观程度上的理解，反过来也不断印证了某些哲学的思考。量子理论的发展，若有若无地指向世界是"不确定"的这样一个方向，我用"主观不可避免"这句话来形容这个现象。王阳明说："你未看此花时，此花与汝心同归于寂；你来看此花时，则此花颜色一时明白起来。"《金刚经》云："若世界实有者，即是一合相。"这些都是在宏观尺度上对世界建立的理解，从而形成了哲学。而随着微观尺度上对世界的理解越来越深入，也体现了世界本质上在这两个尺度上的统一和一致 。

从宏观到微观，理解通过表象的清晰程度得到深入。这在脑海中，通过神经回路体现为表象的映射，事实上，学习的过程也是这样的。通过形成神经回路，并通过重复这个回路而将某种学习（映射）固定下来。

在心理学中，这些内在的神经回路通过"表象"，在脑海体现为"意义"，"意义"通过神经回路在躯体中创造出"感觉"，我们通过情绪感受到这些意义。

回到沟通中建立理解这个话题，在这个话题上，建立理解本质上就是我们在多大程度上搞清楚了彼此的核心意义，以及是否获得了清晰一致的内在表象。

具体怎么做呢？最核心的是获取彼此脑海中的"表象"，也就是清晰的"感官知觉"。比方说，我告诉你我看到了一朵花。这可能建立了一个大概的理解，我们会通过这句话在脑海中形成初始的表象。但如果我说我看到了一朵红色的花，这个表象会更加具体一些。再进一步，我看到了一朵红色的梅花含苞待放，表象会变得越来越清晰。

在沟通中，我们使用"提问"这个最简单的方式，来澄清彼此的意义。通过提问，通过指向表象性的提问，帮助彼此建立理解。不过，话说回来，无论怎样的理解，"主观不可避免"！我们只能理解我们自己脑海中的表象。想要建立理解，除了这些提问的技能，还需要建立换位的态度。

就像这幅图，正着看是青蛙，换个角度看是马。

那么，我们究竟需要如何学习聆听呢？

前面我们提到了，聆听，就是接受信息。所以，我们不仅仅是"听"，而是需要使用我们所有的感官知觉来接收信息。这涉及两个方面，一方面是我们的观察力够不够敏锐和全面，一方面，我们够不够专心。观察力是一种能力，专心是一种状态。对于大部分的时候而言，基础的聆听效果的提升，只需要通过改变聆听的状态就可以得到改善。当然，这么说起来很简单，要做到却并非易事。困难在于，首先阻碍我们聆听的，就是我们不愿意聆听。这就是本节开头我们说的那句话——"你先听我说"。

而对于教练对话而言，这一点也是尤为重要的。当我们这么说的时候，这句话的逻辑结构中：先、我。我们把"我"放在了优先的位置。这本无可厚非，因为从生物学的角度，个体生命的基本属性就决定了个体决策的出发点，总是从个体出发的。但我们是拥有智能的生命物种——人类，作为一个人，我们的智能体现在我们的"可选择"性上，这是我们在沟通中的第二个步骤，选择如何映射接收到的信息。我们可以选择在聆听时把对方放在优先的位置，以致我们可以调整为"先听你说"。

要做到这一点，就需要我们暂且把那个虚假的、通过镜子映射出来的"自我"放在一边。只有一个强大的"自我"才能把那个"强大"的自我放在一边。而且，需要不断练习。

这对于教练对话尤为重要，几乎是教练对话的前提。在我们描述教练对话的特征时，我们提到了，这是一个单向的对话，只朝向客户的内在游戏。我们关心的，是客户的反思，是客户是否通过优化自我的内在游戏而释放潜能。教练作为一个人在那里成为一个客户释放潜能的途径，教练需要放下"我"。

在教练对话中，教练的聆听需要清理所有关于"我"的目的，教练的聆听并非是为了自己，教练要为客户而聆听。为了让客户听见他们自己的内在游戏，珍贵的，是被理解以及理解自己。

你有没有经历过这样的一种"聆听"，一种纯粹的，没有任何个人目的的聆听？你有没有经历过被这样"聆听"？
这异常难得，弥足珍贵。因为仅仅是这样的聆听——本质
上，是一种慈悲，一种被理解和被看见的体验，这个体验
就足以促进一个改变的发生。

如果我们能够在我们聆听的状态上达到这个境界，我
们几乎就完成了聆听中最困难的部分了，因为，接下来的
技能，我们只需要通过练习，总归可以慢慢熟练。

我们需要什么样的技能呢？

首先，便是作为基础的观察力。观察力需要调用我们
的感官知觉，在对话中，主要应用是视觉和听觉。造成观
察力差异的原因，除了极小的生理差异之外，更重要的是
我们对于细节的捕捉能力。我们在对话中，不仅需要完整
地听到对方说的语言内容，而且需要看到对方当下的所有
表现。包括但不限于眼神、表情、手势、坐姿、体态、语
速、音量、节奏、语气、呼吸，等等，以及一些生理现象
（出汗、流泪、颤抖）等表现。

对于大部分人而言，如果没有刻意训练，我们不大能
够在对话中留意所有的这些细节。虽然这些信息都可以被
我们的感官所接收到，但并不意味着我们注意到了这些细
节。除了我们缺少练习之外，另外一个重要的原因，就是

我们缺少理解这些细节的框架。

这是在聆听的技能上需要学习的重要因素，关于理解。很多时候，我们好像无法教授聆听。一方面，因为这涉及我们聆听到状态，这确实并非一个现实可以外在呈现出来学习的技巧，聆听的状态是一个内在游戏；另外，因为聆听使用了我们的感官知觉功能，貌似这个也不是技巧，尽管对于细节的观察需要刻意地训练。除了这两个方面之外，真正的聆听需要学习的部分，是如何学习理解的框架。

那么回到我们的聆听中，我们通过观察获取到这些感官知觉信息，如果不能建立精确的理解，就无法做出有效而精确的回应。

因此，如果要提升聆听的能力，在获得敏锐的观察力基础之上，需要建立能够理解这些感官信息的框架，有了这些框架，我们才能识别出那些感官信息中的"关键"所在。

在一个教练对话中，我们需要怎样的"框架"呢？举例：

教练问："你想要什么？"
客户回答："我不知道为什么，我总是不能在晚上12点之前上床睡觉。"

　　仅仅从信息的内容上而言，如果你完整地听到了客户的这句话，那么，你只是听到了。可是，作为一个教练，在一个教练对话中，如果你听到了客户的这句话，你会识别出哪些关键信息呢？

　　就好像下面这幅图片，你能看到三角形，是吧？可是三角形并不存在，是我们的大脑中有了关于三角形的框架（认知／映射），我们才能看见三角形。

　　可是，当我要你再看下面这幅图，我告诉你图中隐藏了一张人脸，请你找出来。可能这对于某些人而言，就不是那么容易了。

原因在于，现在的信息多了、复杂了，如果你没有关于这张脸的框架（认知／映射），你很难把它找出来。

同样，回到上面那句话——"我不知道为什么，我总是不能在晚上 12 点之前上床睡觉。"听到这些音节组成的声音信息，我们怎么理解呢？或者我们从中能获得怎样的关键信息，可以在教练对话中做出精确而有效的回应呢？

当然，你首先需要有关于汉语普通话的框架（认知／映射），如果你并没有学习过汉语，那么这些音节的信息对你毫无作用，你的脑海中不会建立与此音节有效的映射表象。当我们能够理解这些音节的基本含义之后，我们还能做什么呢？

首先，我听到"我不知道为什么"，客户没有回答教练的提问，客户回答的是客户的现状。因此，有一个反面，可能会是"我想知道为什么"。所以，我会问这个，这是客户想要的吗？

第二，我听到"我不知道为什么"，那么在这句话中，客户正在探寻起因，对方正在关注"为什么"。

第三，我听到"我总是不能在晚上 12 点之前上床睡觉",这里有两个语言上的概括和扭曲。其一,客户使用的"总是",这是一个"一般化／概括"性的描述,结合刚刚我获取的信息——客户在探寻起因,在关注"为什么",我推测客户偏好"全局／演绎"的处事模式。同时,还有一个重要的"扭曲"——"我不能在晚上12点之前上床睡觉",客户使用了能力的动词"不能"。那么,我会去探索,怎样"不能"?从"睡觉"这个行为来看,不能的话,要不是有"失眠"的症状——那可能要去看医生,那么可能是客户混淆了能力和意愿。有可能不是"不能",而是"不想"。再深入一点儿,如果是"不想",那么这怎么会成为客户感到困扰的现状?那么真正的"不能",可能是客户没有能力处理内在的想法:又想在12点前入睡,又被某些想法所干扰,比如说可能想要完成某些工作等等。

能够听到这些,是因为脑海中拥有如何识别和处理这些信息的框架。

就像上面的图,找出隐藏的人脸,如果你还没有找到,那么请看下面这张图片。

现在，请你再回去看那幅图，你是不是可以一眼就找出隐藏在其中的人脸了？因为，你现在脑海中已经有了这张脸的框架（认知／映射）。

那么，在教练对话中，我们需要拥有哪些聆听的"框架"呢？

首先，我们需要所使用的语言的框架。这包括了如何理解那些动词和名词，理解句子的结构和逻辑，理解提问和陈述，肯定和质疑……。有了这些基本的关于语言的框架，我们才能建立基本的沟通对话，然而对于一个教练对话来说，仅仅有这些还远远不够。语言传递了我们内在的认知地图，认知地图的精确性会直接影响我们外在的导航效果。就像现实中的地图，具有比例尺。在电子地图中，比例尺可以自由地缩放。1：100 的地图和 1：1000000 的地图相比，比例尺越大，地图越精准。这在我们脑海中的认知地图中，同样适用。而语言是体现我们脑海中思想的重要载体，我使用什么样的语言，意味着我正在使用什么样的认知地图。

我要去北京。

我要去北京天安门。

我要去北京天安门广场的国旗升降台。

我要在 10 月 1 日去北京天安门广场的国旗升降台。

我要在 10 月 1 日的早晨 5 点钟到达北京天安门广场的国旗升降台前看升旗仪式。

......

在 Timothy Gallwey 的《The Inner Game of Tennis》书中，他提到的赢得内在游戏的第二个重要特征，就是拥有对于自己渴望的表现的清晰具体的内在表象。清晰而精准的内在地图，是我们实现目的的重要依据。

语言，作为表象（字符 / 音节）的一种，也对应了我们脑海中的神经连接回路的映射。我们通过语言来呈现我们的内在认知地图，从而体现对感官知觉的映射。这形成了意义，也创造出我们身心系统的体验。比如，你看到"背叛"这个词，比如你看到"出卖"这个词，等等。某些词语会激发我们的神经系统，它们负载了强烈的语义，那是我们神经系统的连接回路的映射创造出来的。语言的结构一方面对应了我们的认知体验，一方面语言也反过来影响了我们的体验。语言绘制了我们的认知地图，通过一个人的语言，我们可以探索和理解一个人的地图。这就形成了对语言的检定，去仔细地审视这些结构，以便探查和厘清我们的地图。疆域（现实的感官体验和经历）永远不会有问题，如果有问题，那是地图的问题。语言作为表象对具体疆域的映射，在尺度上有概括和具体之分，就像地图的比例尺，使用不同的比例尺地图，映射出来的疆域在精确性上就有不同。我们在前面提到过，感官知觉的信息数量要远远超过我们大脑当下可以处理的数量（1000000 字节对 50 字节），我们无法处理所有的信息，我们选择处理我们认为重要且足够的信息。这就形成了删减。在沟通中，我们通过语言表达内在的思想时，我们也会选择我们认为重要且足够的信息表达出来。就像刚刚上面的举例：我要去北京。当我们自己这么表达时，我们的脑海中可能会有在天安门前看升旗仪式的视觉表象，我们知道我们说的是什么意思。我们可能会认为这足够了。可是，在某些时候，这种语言上的删减就会给沟通（广义）带来误差。就如同我们在前面所提到的那个关于要学英语的对话案例，客户删减了学习英语的具体时间，从而混淆了"我没有时间学英语"和"我目前每天无法安排 3 个小时学英语"。从而一旦客户觉察到了内在地图上的模糊后，只要调一下地图的精准度——"每天安排 30 分钟学英语也是可以学习英语的"，这个内在游戏得到改变的杠杆支点就被发现了。

这种认知地图对应的疆域体验的"比例尺"对应在语言中呈现为语言的层次：从概括到具体。这也体现了我们思考的两个维度，一个是从宏观 / 全局到局部 / 细节，称之为"演绎"；一个是从实例 / 细节到概念 / 规律，这是"归纳"。

最早，NLP 的创始人理查德·班德勒和约翰·葛瑞德提出了语言的结构，称之为检定语言模式。后来，罗伯特·迪尔茨完善了这个模式。

语言的层次：

向上归类
探寻一致

哲学

直觉/含糊

整体概念

抽象

宇宙

银河系

太阳系

地球

亚洲

中国

华东、华南、东北

广东省、江苏省、浙江省

上海市、深圳市、广州市

浦东新区、南山区、越秀区……

陆家嘴、科技园

东方路张杨路路口、大学城地铁站D出口

感官/清晰

局部细节

向下澄清
详细具体

具体

科学

地图总是不等于疆域，疆域作为感官知觉的体验，不可描述。一旦描述，作为语言，即是对感官知觉体验的映射，形成地图。我们需要的，是足够清晰的地图，可以用作我们沟通的导航。因此，在教练对话中，我们需要拥有的第一个框架，就是怎样算是足够清晰的地图，也就是怎样才能尽可能地接近感官知觉体验的语言表达。

请对比一下以下 A、B 两种表达。

A：我正在欣赏野外的美丽风景，一切都非常美好。

B：我看到大片的草地上开满了五颜六色的野花，远处起伏着连绵的山脉，蓝色的天空中漂浮着几朵白云。附近几棵高大的香樟树上，不时能听到"啾啾"的鸟鸣声。深呼吸一下，就能闻到淡淡的花香，沁人心脾。

A：我打算要好好地提升一下我的沟通能力。

B：我意识到我在沟通的时候，很少通过向对方提问来澄清我的理解。我打算刻意练习通过增加提问来帮助我和对方确认我的理解是否准确。

A：市场部没有好好配合我们的工作。

B：截止到目前，我们还没有收到市场部的李平给我们提供事先说好的关于产品 FY51 的市场调研数据。

在教练对话中，我们需要聆听对方内在认知地图的精准程度的框架，而地图的精准程度，方向是趋向于精准的感官知觉表达。

其次，除了我们需要理解语言，我们在教练对话中，还需要理解对方的外在表现所对应的内在游戏。这些非语言的信息包括：眼神、表情、手势、语速、节奏、音量、呼吸，等等。当然，这些信息的表达，每个个体都有自己的内在含义。我们在理解普遍的经验规律后，也需要在留意到这些特殊信息时与客户进行核对。无论怎样，我们都不是紫霞仙子，客户才是他们自己内在游戏的玩家，我们通过我们的聆听，促进客户能够"听到"他们自己。

在留意这些外在的非语言信息时，我们需要留意到其中的差异和变化。比如说，客户音量的突然改变、客户语速的改变、客户姿态的调整、客户眼神的移动，等等。

有一次，我有一位教练对话的客户，她提到一个令她焦虑的状况。每次需要准备一个公开讲座前，她都会感到焦虑，一直到讲座开始。在对话中，她说到了下周就有一个公开的讲座，说到这里，她开始加快了语速。而她焦虑的原因，是她还没有准备好讲座的PPT。

这时，我注意到，当她说下周要进行公开的讲座时，她的右手和眼神同时指向了身体的右侧。而当她说到，她还没有准备好讲座的 PPT 时，她的右手推向了身体的左侧，而她的眼神却依然看向她自己的右侧。

如果你是右利手，那么对于大部分的普通人而言，你会在脑海内在以及身体的外部空间标记时间的位置。通常左后侧是过去，右前方是未来。当然，个体之间会有差异。但总体而言，有这样的规律。通过对话留意对方在说到时间的时候，对应的眼神或者手势的位置，重复出现的，就有一定的代表性。

所以，对于我的那位客户来说，未来在她的右侧。可是，当她说起没有准备 PPT 时，明明这是一件还没有完成的工作，她却把手放在了她的过去——左侧的位置，而眼神却看向右侧。我注意到这个信息的差异，我打断她。

"你说你的 PPT 还没有做好，你是不是觉得这个工作应该早点儿就做好？"

"是的，我原本想的是上周末就完成的。"客户回答。

"那么，你现在打算什么时候完成？"我在说的时候，刻意把手推到客户的右侧位置，强调了一下。

"上周因为突然有紧急的工作需要处理，我就想着今晚或者明晚完成这个 PPT。最迟到这周末做完，也是来得及的。"客户说。

"是的，最迟这周末。"我用手放在客户右侧的位置，同时问她："周末在哪里？"

客户把眼睛低下了，看着我手的位置，她把右手放到了身体偏右的位置，说："就是这里。"

我用手缓慢地从她身体左侧位置移动到她现在指的位置，慢慢说："现在，你打算是在这周末完成就可以。你现在这么想，感觉怎么样？"

客户轻轻舒了一口气，把手放到胸口，说："好多了。感觉没那么焦虑了，心一下子放松下来了。"

在这个对话中，客户内在混淆了时间的体验。一件还没有完成的工作，客户将其留在了过去，过去已经无法改变了，因为不能掌控，所以就创造出了焦虑感。而一旦我们重新调整了客户的内在游戏，调教了时间，将焦点转移到现在时，我们就获得了掌控感，从而消除了焦虑。

除此之外，正因为语言构建了我们的内在地图，我们可以通过一个人的语言表达，理解他们的内在地图。这些地图体现为对方内在的信念、框架、逻辑、因果、假设、渴望、需求、动机、价值，等等。

因此，到目前为止，我们总结出对于理解的两个层次。第一，是意义；第二，是意图。意义，也就是客户内在的表象是什么。意图，是指客户内在的动机是什么。这可以总结为两个问题：

是什么？
为什么？

很明显，当我们谈到这里的时候，我们自然会想到，还有第三层：如何？

是的，我们在理解上还有第三个层次：如何。也就是关于客户沟通的内在进程，客户是如何进行自己的内在游戏的。如果说，理解客户的意义——是什么，这是在一个相对静止的时间、空间的表达——那个是什么，那么理解客户的进程——如何，就是在一段时间中的表达——这一段是什么，是如何进行的。这三个理解的层次，对应出这三个问题：你说的是什么？为什么？你是如何思考／沟通的？

理解第三个层次，也就是一个个体是如何沟通的。他们如何获取信息，以及他们获取信息时有何偏好，然后他们如何映射了这些信息，他们在内在如何处理这些信息，以及他们内在的动机如何驱动个体做出回应。本质上，我们需要理解一个"人"究竟是如何"运作的"。

是为阅人。

阅人

07

"知人者智，自知者明。"

——老子《道德经》

何谓阅人？《说文解字》云：阅，具数于门中也。一边看，一边计算的意思。计算，也就是心里要思考，边看边思考。就像阅读，看了文字，还要思考，思考的目的，首先是建立理解。结合我们在前面的"聆听"中所提到的，本质上，阅人，就是聆听，就是如何理解一个人。

那么，既然阅人本质上是聆听，为何还要单独谈一谈阅人呢？因为，当我们说聆听的时候，我们更多谈的是技能，而谈阅人，我们更多是谈一谈"框架"。也就是，如果我们想要理解一个人，我们需要用怎样的框架来理解。

当然，我们不能不"阅人"。我们总需要和人产生各种各样的关系，我们需要理解人。作为一个生活在人类社会中的个体，在各种各样的人际关系中，很大程度上我们需要仰仗能够看清楚对方的内在想法，从而能够做出更好的回应。所以我们每天都花很大一部分时间来揣摩对方的心思，猜测别人的动机，理解他人的意图，分析他们的语言行为，理解这些语言行为背后的意义；预测别人的偏好和习惯，理解别人为何如此行事，理解背后的信念和框架，以及这些信念和框架与偏好的关系等。我们希望能够知道对方是怎样的一个人，乃至自己，我又是一个怎样的人？

比方有的人说话谨小慎微，有的人说话大大咧咧；有的人做事按部就班，有的人做事随心所欲；有的人总是看整体，有的人喜欢看细节；有人喜欢跟人打交道，有人喜欢独自做工作；等等，正所谓千人千面，世界上没有完全一样的两个人。但为了能够理解人，为了把事情变得简单，我们总结概括出人们在运作上的特点和规律，我们称之为"性格"，然后用一些名词和概念来描述。

"不要跟那个人打交道，他是一个自私自利的小人。"

"我是一个内向的人。"

"他们部门的人都是自大狂。"

"不要在意，我总是没心没肺的，我是一个心直口快的人。"

"我们家孩子就是比较马虎，一点儿都不细心。"

......

　　然而，当我们这么来描述的时候，我们是把"人"看成了一个事物，一个定义。"我们是……"这样的句型，把定义限制在了静止的状态。可人并非静态的定义，人是一个运作的进程。

　　因此，我们把问题转化，我们并非要知道人是什么样的，我们是要弄清楚，人是如何运作、如何发挥其功能和作用的。

　　在前面的章节中，我谈到了人类的沟通模式。我们的大脑作为一个信息处理系统，在神经学上有它自己的硬件：神经系统、大脑、血液中的化学成分、神经递质、生理器官，等等。这些器官参与了输入、处理和输出。人的"软件"则包含了我们的思考方式、观念类别（我们通过给事物分类而赋予意义）、信念、价值观。这些软件系统，在不同的人身上、不同的情境下，体现为我们选择何种神经联结回路来映射外在接收的信息，也就是体现为不同的人在不同情境下的不同反应。这些"软件"，也就是我们内在的神经联结回路，以及我们选择使用哪一种神经回路来映射这个世界的进程，就是我们和世界互动沟通的进程，就是我们运作的进程。我们在前面的章节中，称之为"内在游戏"。

　　在这个沟通进程中，我们不断地接收外部信息，但我们接收信息总是有局限和偏好的。有一些是先天的局限，比方说，我们的嗅觉远远不如我们养的宠物狗，我们不能像蛇一样感受到红外线，不能像蝙蝠一样接收到超声波，我们也不能像鸟类一样，眼睛中拥有 Cry4 蛋白，从而可以感应到磁场的方向。我们通过我们的感官系统，感受到的世界信息，本身就是非常非常局限和偏颇的。不仅有先天的，还有后天的。有人偏好视觉的信息，有人偏好听觉的信息，有人偏好身体的感觉；夸张一点儿的案例，失聪或失明的，那些某个感官受到功能限制的人，其他的感官功能就比常人更加敏锐。也就意味着，我们总是有偏好的，或者说，我们总是通过"偏见"来获取信息，分析及处理信息。

这些隐藏的"软件"，在暗暗地影响我们如何选择及如何处理我们接收的信息，以及我们如何思考、如何感知这个世界。这就好比我们戴着有色眼镜，我们总是透过眼镜来看世界，而你选择了什么样的眼镜，就得到了什么样的信息。如果我们能够觉察到我们使用了什么样的眼镜，同时，我们拥有了可以调换不同眼镜的能力，我们就可以基于现实的需要，拥有更加灵活的弹性来应对这个世界。

这个眼镜，就是我们的"过滤器"。我们无法把所有的信息都关注到并一一分析处理，我们的大脑"内存"没那么高，我们只能选择我们认为重要的足够的信息来处理。因此，我们通过日积月累，有先天的，有后天形成的习惯，我们形成了自己的"过滤器"。这些各种各样的"过滤器"，就是我们的处事模式。因此，处事模式是我们眼中（大脑中）过滤世界的模式。作为接收的过滤器，我们的处事模式决定了我们如何归类、注意力放在哪里、如何看，等等。

那么，这些"过滤器"，在我们日常的沟通中一直都伴随我们，我们通过一个人的言辞表现——仔细聆听对方说话的内容，留意对方的表情和眼神，观察对方的姿势和动作，注意对方声音的变化、语速的快慢、音量的高低、呼吸的深浅等，可以发现其中的线索。

当我们得到这些观察的表象信息后，重要的就是如何来处理这些信息。我们需要有一个能够处理这些表象信息的基本框架，以致我们能够思考和理解那些我们观察得到的表象信息代表了何种人们在接收信息、处理信息、应对外界时的各种偏好。

比方说：有人思考的时候喜欢抬起头，有人思考的时候喜欢低下头；有人提到未来的计划总是使用右手划向右方，提到过去的时候习惯用左手摆在左边；有人先观察全局，有人先留意局部；有人做人做事非此即彼，干净利落，有人喜欢难得糊涂，留有余地……。当我们留意到这些不同的表现时，我们将其分类，作为人们的认知分析情绪体验价值选择和语义思考的偏好，从而理解一个人在内在究竟是如何运作的。

认知分析、情绪体验、价值选择、语义思考四个维度，构成了我们理解一个人在接受信息、分析信息、体验情绪、行为选择以及自我反思层面的偏好。这些偏好就像是过滤器，就像是滤光镜，过滤及筛选经过我们大脑的信息以及我们大脑偏好如何处理这些信息。从而在外在呈现为一个人的行为风格、思考模式。身心语义学和 Meta-Coaching 教练技术的创始人，认知心理学博士 Michael Hall 先生，在前人的基础上，将这四个维度的偏好分类总结成 60 种不同的类别，称之为处事模式，这 60 个处事模式都收录在他的著作《Figuring Out People》一书中。

因此，我们想要深度理解一个人，我们就需要能够识别和分析人们在这四个维度（处事模式）上的偏好。大部分的处事模式都是情境驱动的，也就是说在不同的情境下，我们选择不同的偏好表现。这表现为人们的思考和行为具备弹性，可以基于不同的情境和自我的需要而灵活调整。然而，有时候人们对某些处事模式的偏好太强烈了，以致绝大部分的情境之中，我们总是优先选择同一种偏好。这在外在的呈现上，就表现为某些人具有强烈的个人风格，或者说具有强烈的个性。

那么如何利用这 60 种不同的处事模式来阅人呢？

首先是需要理解和熟悉这 60 种处事模式。当然，完全的熟悉需要时间。不过，其中重要的、常见的，其实就 20 来种。

然后是观察，留意一个人的外在表象。这些表象包括眼球的移动、音量的高低、语速的快慢、手势的位置、身体的姿势、呼吸的深浅、动作的幅度，等等。

比如说，一个人思考的时候总是抬头看向天空。如果你对表象模式比较熟悉，你大概会理解，对方在脑海中正在通过视觉画面进行思考。而如果对方总是这么做，我们大概可以推断这个视觉表象的偏好是一个驱动的处事模式，也就是说这个模式总是被优先选择。那么你如果尝试邀请对方低下头来思考，这对于对方而言，恐怕是一件困难的事。

这些观察，需要强大的聆听技能作为支持。你不仅仅能够观察到所有的细节，而且还可以知晓这些细节的意义。同时，你也需要留意，你自己在观察时，使用了何种"滤镜"（处事模式）来过滤。因此，留意区分自己那些描述性的表达和评估性的表达，你自己首先需要一副可以清洗干净的"滤镜"。

其次，留意人们使用的语言模式。留意语言中的动词、关于形容表象的词语类型、习惯的语法结构、关联词的选择、语言中的逻辑结构，等等。

比方说，有人说："我看到你刚刚说话的声音很大。"我们留意对方使用的语言中的动词"看到"，这是一个描述视觉的动词，然而对方用来表达关于声音的体验。所以，我们也大概可以推测，对方正在使用视觉表象的偏好。又或者对方总是说"在我看来……""我的观点是……"，这些词的使用，也正在表明对方在表象模式上的使用偏好。

再比方说，前面我提到的案例，那个总是使用"不是"或者"没有"开头回应对话的情景，这也是在接收信息时优先偏好选择先留意差异和不同信息的模式，在这样的模式偏好的驱动下，当事人总是先留意到自己不一致的信息，称之为"不配合"或"错配"的模式。与之对应的，则是在处理信息时，优先偏好核对或留意到相同一致的信息，也就是"配合"的模式。所以可能在这种模式偏好的驱动下，当事人会以"是的""对啊"这样的字眼开头回应。

再者，通过关联性的提问深入探查人们内心的想法和倾向。当你理解了某一个处事模式之后，或者你对某几个处事模式有了综合的理解，你就可以就此模式提出相应的问题。通过对方的回应来探测对方的偏好，或者此时此刻对方正在使用何种偏好。

举例：通常起因探究的模式偏好会和全局演绎模式有联系，也就是说一个有着全局演绎模式偏好的人，可能很大程度上也会偏好起因探究模式。因此，如果我发现对方是一个偏好问"为什么"的模式，那么我也可能通过提问去探测这一点。

"如果你知道了原因，或者你知道了其中的道理／原理，你是不是感觉就知道了该怎么做？"

"你是否觉得，需要理解某个事物的原理才能更好地应用它？或者你需要知道其中的道理、规律，你就感觉你自己知道该如何实践？"

最后，当我们阅人时，重要的是因此迈向整合。我们其实是放下了自己某些的习性（滤镜），我们尝试进入对方的内心世界，我们心怀好奇和慈悲。这个过程，远比阅人本身更为重要和有效。

要知道，阅人是一个进行时，没有尽头和终点。我们永远只能也仅仅只能在当下阅人。这些模式为我们理解一个人提供了一个框架、一种分类。人不是模式，人是一个进程。我也希望，与此同时，不仅阅人，更能阅己。

08

镜子

　　我在前面的内容中，已经提到了教练的作用之一——觉察，就像一面镜子。我也提到了，在这个星球上，没有任何一个物种，能像我们一样这么频繁地使用"镜子"。从你早晨起床之后，就开始使用镜子了。然后，有些人会随身携带一面掌心大小的镜子出门，可以随时拿出来，对照一番。还有些人，不太好意思随时携带这样的镜子，可是一旦遇到可以作为"镜子"来使用的反射表面时，比如经过某些商场、酒店的橱窗时，就会偷偷朝其瞄上一眼。有时，直到你晚上上床睡觉前，你离开的最后的一件事物，可能也是镜子。

　　为什么我们这么迷恋或者说依赖镜子呢？在课堂上，这个问题的答案五花八门，有说为了整理仪容的，有说为了看看自己是否合适的，也有说就是想要看看自己多漂亮的。可我们如果从严谨的功能逻辑角度来分析的话，我们之所以需要镜子，是因为镜子为我们提供了一个我们无法通过自身来看到的角度。我们看不到自己的脸，所以我们借用一面镜子所提供的反射角度，从而观察到自己的脸。

镜子，充当了提供这样一种特别反射角度的工具。

是的，镜子是工具。人类高等智能的表现之一，就是能够创造工具、使用工具。你们家的宠物狗，可能不会每次出门前，都想起到镜子前摆弄一番，更不会因为想要看看自己的狗脸上有没有染上污垢或者是看看今天主人刚给自己在宠物美容院打理的新"毛型"有没有被弄乱而对着镜子审视一番。可作为人，我们无法离开镜子。但我们为何如此厚爱"镜子"这样的一种"特别的"工具呢？

说镜子是一种"特别的"工具，是因为这玩意儿并不像我们其他使用的生产力工具那样能够直接产生效率。比如说远古时代的刀和斧头，可以用来直接提高生产效率。而"镜子"这个工具的真实作用，却仅仅是为我们提供了一个"反射的角度"，一个可以看见自己看不见的角度。比如说，我们用这个工具来看见自己无法看见的"自己的脸"。问题是，为什么我们这么想要看见自己无法直接看见的那张"自己的脸"呢？

首先，我们知道镜子中的那张"脸"是自己的脸。天啊！难道不是吗？不，不……并不是说镜子里不是自己，是我们能够知道镜子里是自己，这绝对是一件非凡的事！我们到目前为止，发现自然界中，能够知道镜子里是自己的动物，寥寥无几，一只手就能数清。这还是要经过刻意而长久的训练，它们才会意识到镜子里出现的景象，是自己。就连我们人类本身，有研究表明，婴儿在长到18个月之前，也都普遍不能意识到镜子里反映出来的就是自己。我们能够意识到，镜子里反映的是"自己"，源于我们能够在脑海中建立关于"自我"的映射的表象。

这种由人类神经元的原始感官知觉再次映射所创造出来的"自我"，让我们深深迷恋。大脑的这个功能，从某个角度来说，就像"镜子"的反射，我们在脑海中"反射"出"自我"的表象。这种非凡的功能，使得我们可以区别于我们养的宠物狗，我们是拥有高等智能的人类。我们使用这种"反射"的功能，才创造出"反思"的能力，我们可以思考我们自己，我们可以思考我们自己的思考。这带来的意义如此非凡，因为，这从功能上决定了我们有机会成为一个人，成为人类！

当我们反思自我时，反思我们自我的思考，也就是我们的内在游戏时，如何促进这个反思的进程的效率，从而诞生出"教练"这个技术？这是一种非同寻常的、意义非凡的凶猛的对话！

这种反射出来的自我形象，一旦在脑海中确立，随着时间的推移，我们在成长的过程中，每一次的感官体验都在喂养这个"自我"，使得"自我"逐渐强大起来。刚出生的婴儿，大脑还没有发育完全，神经元的联结回路还没有建立，一切就像一张白纸。当这个小婴儿听到某个声音，是那种过去几个月来所熟悉的声音——这样的声音的感官知觉体验开始在脑海中建立初始的神经连接。慢慢地，随着婴儿的成长，体验越来越多，这些细节，逐渐在这个小婴儿的大脑中，形成属于她／他自己独一无二的脑神经地图。那个熟悉的声音一直重复某一个相同的声音，婴儿开始把这个声音和自我建立了联结，那个"自我"开始有了一个名称——我的名字，我是谁。

这个问题可能会伴随这个婴儿一生——我是谁？我们所创造出来的那个"自我"，对我们原先的"自我"充满了好奇心。这种好奇心推动我们，想要了解和知道，"自我"究竟是怎样的。并且，随着认知的加深，我们建立了一个我认为的"我是谁"，一旦这个"自我"得到了建立，我们就开始需要确保自己符合以及匹配这个"自我"。

所以说，千万别小瞧了照镜子，这可是一件充分体现了人类拥有高智能的活动。通过镜子提供的角度，我们可以看到我们自己本身无法看到的信息，同时，通过这些信息，我们获得了自我认知，并以此信息作为我们行动的判断依据。我们把这种获得进行下一步决策的信息的过程，称为接收反馈。就像我们过马路需要看一看红绿灯的信号，看看两边有没有车，然后才能做出决策。照镜子，就是寻求我们自身无法获得的角度的感官信息（视觉上的），寻求反馈，然后做出决定。就像那些随身携带一面小化妆镜的人，吃完东西要拿出来照一下，决定要不要再补一点儿口红，或者修一下眉角，补一点儿腮红，梳理一下头发。

除了在自我的视觉信息上我们需要一面镜子来得到反馈之外，在我们的所有生命活动中，我们其实都需要反馈。没有反馈，我们就难以做出有针对性的下一步决策。同时，这些反馈的信息越精准，越有利于保证我们决策的有效性。就像物理上的一面镜子，我们需要这面镜子尽可能清晰、精准、真实。所以，我们避免使用凹镜、凸镜、哈哈镜这样的工具来认知自己（除非别的目的），也避免使用模糊的镜子，比如在使用镜子前先要用纸巾擦拭干净。

在静态的自我外在信息上，我们可以通过一面镜子得到反馈。那么在其他的动态的拥有外在行为的生命活动中，如何得到反馈呢？当然，现在有摄像设备，我们可以通过观看那些视频录像，获得我们在某项活动中的反馈信息。或者，如果我们足够敏锐，我们可以通过在我们的生命活动中得到的所有的感官体验，通过反思而获取到我们所需要的足够的反馈信息。事实上，这恰恰就是我们人类生命活动的本质现象。还是小孩子的时候，看见燃烧的蜡烛火焰，用手去触碰，手指立刻感觉到灼痛——我们得到了一个感官知觉的体验——我们获得了反馈信息。只不过，这样直接的反馈信息，我们觉察到了。还有很多并不那么直接的，我们不一定能觉察。甚至在内在地图的指引下，我们并不认为那是一个反馈。就像曾经某个喜剧电影描述医院里的一个正在用一根线在脸盆里钓鱼的精神病人时说的：精神病就是想要使用同样的行为却想得到不同的结果的人。

我们如何才能得到有效的反馈信息呢？我们如何才能拥有一面"智能"的镜子呢？古人云：以铜为镜，可以正衣冠；以人为镜，可以明得失；以史为镜，可以知兴替。说起来容易，做起来难。除了我们自身需要拥有"照镜子"的反思意识之外，我们还要拥有"照镜子"的反思技能。这个技能，在不同的生命活动领域，又各不相同。就好比，高明的侦探通过脚印可以推测出身高和体型，老到的猎人通过草丛可以看到足迹，我们需要某个活动的相关专业知识和经验才能足够有效地获得此活动中对我们自己有效的反馈信息。

就像我们用化妆镜时，我们修眉角、补口红时，我们内在有一个关于此活动的标准和知识，或者说我们内在地图的框架。而在其他的活动中，比如说，主持一个电视谈话节目，写一篇新闻通讯稿，进行一次有效的绩效谈话，带领部门实现目标，领导一个企业或组织实现愿景，打造一个有凝聚力的团队等，我们可能并不清楚这些活动的有效标准和知识框架。因此，即使在这些活动中，我们可能会留意到一些反馈的信息，也并不一定能够获得有效的反馈。

特别是，在我们如何玩好自己的"内在游戏"这个活动中，我们可能欠缺足够的知识框架。而一名教练，一名"玩好自己的内在游戏"的专家，可以成为我们内心的那面镜子，正如我们前面一章结尾处所描述的：为了客户能够听见自己！

教练如何成为一面可以照见内心的镜子呢？

因为，镜子是如实的。意思是，镜子只会提供镜子反映出来的内容，这和镜子的角度以及出现在镜子前的事物有关。你面对镜子，镜子的角度反映出你的正面；你侧对镜子，镜子反映出的是你的侧面。当我们作为教练给予反馈，成为那面镜子的时候，我们提供了我们观察的角度，我们把我们观察到的内容提供给对方——如是我闻。因此，这里提供的是我们感官知觉的信息，就如同镜子里出现的视觉信息一样。镜子不会评判说你今天的这条红色领带很精神，镜子只会呈现从此刻的角度所反映的视觉内容。当我们使用第一人称的感官知觉描述时，我们就是在为对方提供一个对方无法从自身获得的角度，以及从你的角度所观察到的内容。重要的是基于感官知觉的描述。

"刚刚过去的三分钟里，我听到你说了五次'但是'。"

"是吗？但是……"

"是的，第六次，我刚刚又听到一次。"

"从我们谈话开始，你一直在用'不是'或者'没有'回应我说的话。"

"没有……"

"嗯，又一次。"

"不是，我是说……"

"再加一次，刚刚这是我听到的第二次。"

"不是，你听我说……"

"第三次！"

"没有！"

"第四次！"

"……"

这是成为镜子的最重要的基础，也是给予反馈这个技能最困难的地方。我们需要区分描述性语言和评估性语言，尽可能使用描述性语言，而非使用评估性语言。

"我注意到你今天的表现很好。"

"我注意到你今天连续站在那里用了一个小时在服务那位客户。"

"你还没有交给我这周的周报。"

"到目前为止，我还没有收到你这周的周报。"

"你今天看起来很精神。"

"我看到你今天系了一条红色的领带，听到你大声跟我打招呼，我觉得你今天很精神。"

"你对待客户很不负责任。"

"我听到客户说问题已经反馈了两个月了，还没有收到你对这件事的处理意见。"

教练作为一面镜子，除了使用感官知觉的语言描述之外，要做到如实，还需要足够精确精准的语言表达出所观察（包括听和感受，而非判断）到的内容。这对于教练而言，是一个现实的挑战。因为，语言始终无法替代感官。但好在我们并非需要百分百的感官信息，我们只需要足够的信息即可。

"我听到你刚刚的语速很快，有多快呢，让我模仿一下你刚刚说话的语速……"

"我注意到你在说到和你父亲的关系时，你的胸口不停地起伏，与此同时，你的眼神看向了门外……"

说到这里，我们不需要所有的感官信息，我们只需要足够的引发和我们想要的效果有关的自我觉察的信息即可。而要做到这一点，需要教练在提供反馈的信息时，能够识别出哪些信息是和谈话的效果有关的，哪些是无关的。这就涉及我们在前面一章中所说的内容，聆听，需要拥有相应的框架。

在我们能够提供这些基于感官知觉描述的反馈后，这些都是外在的，要能够反映对方的内在游戏，我们还需要在此基础上，向对方发问。为什么要向对方发问呢？因为我们不是周星驰的电影《大话西游》里的紫霞仙子。我们无法像电影中的紫霞仙子一样，可以缩小身子，钻进至尊宝的内心，亲自去看看对方的内心世界。

我们每个人都是自己内在游戏的玩家，自己的内在游戏正在发生什么，只有自己清楚。只不过，这些内在游戏，有时候就像我们大脑中在播放的脑电影一样，我们播放的速度太快，我们没有意识到我们正在播放一部怎样的脑电影。就像在全速行驶的高速列车上，我们看不清窗外的风景一样，在高速运转的脑电影里，我们也一样看不清内容。我们通过提供外部观察到的信息，同时向对方提出关联性的问题，引导对方的内在注意力转移到自己的内在游戏上，从而建立觉察。

"我注意到你在说到和你父亲的关系时，你的胸口不停地起伏，与此同时，你的眼神看向了门外，此刻，在你的脑海中，你想到了什么？"

"当你不断使用'但是'这个词的时候，你内心是什么感觉？"

在与教练对话的过程中，所有的转折点都伴随着觉察的发生，甚至有些时候，单单发生了觉察，就足以形成改变。

作为教练，我们为对方提供了这样一个作用，即促使对方产生觉察。我们需要具备敏锐的观察力，"完全"地聆听，尽可能捕捉到对方的所有信息；以及识别出其中的关键所在，通过精准的感官描述的语言表达出来，反馈给对方；与此同时，通过精确的关联提问，进而引发对方产生向内的觉察和反思，促进对方探索自我内在的信念框架、模式偏好、深层动机。

教练"效果"

前面我们谈到了教练对话的特征，核心是促进，促进一个人的内在游戏。我们也提到了七个得到促进的内容：沟通、自我认知、关系、学习、改变、意义以及自我实现，也就是潜能的释放。一个人的内在游戏是否得到了促进，这是教练对话的目标。

因此，作为教练，当我们进行一个教练对话时，我们需要有自己的目标——促进对方的内在游戏进程。那么，这个进程的终点是什么呢？或者说，我们如何判断教练对话的进程方向呢？

首先，回到客户的内在游戏。我们知道，那是客户自己掌控的地方，客户自己是自己的内在游戏的玩家。我们促进客户探索和觉察自己的内在游戏，促进客户优化自己的内在游戏，这些体现为最终客户得到了某种"效果"。

作为教练，我们不能掌控客户的"效果"，那是客户自己决定的部分。我们促进客户获得自己想要的"效果"，这就是教练对话的进程方向和最终目的。也就是说，客户在获得自己想要得到的"效果"的进程上，是否得到了促进，这是判断教练对话是否有效的重要依据和标准。当然，这需要客户来反馈。

那么，这就决定了教练对话的第一个步骤，就是需要清楚客户想要实现什么"效果"。如何定义这个"效果"呢？或者说，这个"效果"是指什么呢？

我们通过一些对话的场景来具体看看，怎么理解客户想要的"效果"。

教练：你想要什么？

客户：我想要辞职去创业。

教练：嗯，我听到了。你想要辞职去创业，是现在吗？

客户：不是，我正在思考这个问题，我要不要辞职去创业。

教练：嗯，所以是你正在思考，那么，现在，你想要什么呢？

客户：我想要做决定。

教练：是的，我理解。你想要做决定。是现在吗？

客户：嗯，如果可以，我希望今天能做决定。

教练：好的，我知道。你想要今天能够做出决定——要不要辞职创业。

客户：是的。

在这样一段简单的教练对话中，除了我们可以看到教练的基础技能之外，我们也能从中观察到，教练首先要如何得到客户想要的"效果"。那么，在上述的对话场景中，客户的"效果"是什么呢？

是"辞职创业"吗？不是！教练通过提问，确认了辞职创业不是在今天发生，辞职创业是客户在未来可能要去做的一个行为。这个行为由客户自己掌控，而非教练要做的工作。教练确认了不是今天客户要的内容之后，教练再次提问客户——现在你想要什么。客户想要做出决定——要不要辞职创业。"决定"是一个内在游戏，是客户当下可以掌控的内容。因此，在上述的这个对话场景中，客户要的效果是"做出是否要辞职创业的决定"。

当然，关于这个决定，还有一些需要澄清的部分。但通过目前对话，我们可以区分，教练对话中的"效果"有一个基础而关键的特征——此刻发生，以及客户掌控，能在客户自身得到体现。

再看一个例子。

客户：教练，我想要去跑马拉松。

教练：嗯，我听到了，你说你想要去跑马拉松，现在吗？

客户：不是，我想要今年能够去参加一个马拉松比赛。

教练：嗯，是的。我知道，那就去吧！

客户：可是，我有点儿害怕。

教练：哦，我听到了。你说你有点儿害怕，我知道。你想要什么？

客户：我想要去参加马拉松比赛，但我有点儿害怕。担心我完不成。

教练：是的，我知道。有可能会完不成。现在，你要什么？

客户：嗯（沉默）……我想能够安排时间去训练。

教练：是的，需要训练。你不能安排时间？

客户：我总是担心，不能完成。

教练：我来理解一下。你想要安排时间训练，但是你内心担心自己完不成比赛，这个担心、害怕的感觉阻碍了你去行动，是吗？

客户：是的，教练。

教练：今天你想要处理这个担心害怕，以致你可以去训练、去行动，这是你想要的吗？

客户：是的。

教练：你现在想到参加马拉松比赛，安排时间训练，你内心有什么感觉？

客户：担心，害怕自己不能完成。

教练：如果对话结束了，你希望得到什么效果？

客户：我不担心了，我希望自己可以有力量去行动。

在这个对话中，客户要的效果是什么呢？没错，是客户在想到参加马拉松需要安排训练的时候，能够消除内在的担心、害怕的感觉，换一种可以有力量的感觉。这是客户想要在对话后实现的效果。

因此，"效果"就是客户内在的某个想法、某种体验，这个效果落在客户的身上，表现为客户在当下所呈现的生命状态。这个生命状态包含了客户内在的想法以及当下身体的感受。

效果就是客户的状态！

我们促进的，或者我们教练的，就是客户当下的状态。客户的状态对比教练对话前，发生了匹配客户需要的改变，这个改变能够在当下的对话中被客户感知和观察。这就是教练对话的方向和目的。

因此，我常常和学习教练的朋友们说，如果说教练对话有策略的话，这个策略就是跟随客户。客户想要什么，就是我们教练的促进方向。作为教练，我们不需要判断方向，我们只要跟随客户的方向。不同是，我们不断地确认和检查，反馈给客户,"是这个方向吗?""你确定吗?"等等如此。

大部分的时候,单单是澄清了客户当下想要的效果,对于客户而言,就是极大的进展和觉察。大部分的时候,客户并没有清晰地认识自己想要得到什么效果。他们会沉浸在自己未来想要的结果和目标之中,却不能觉察自己当下的状态和思考,他们受限与自己的思维定式和心智模式。

我们教练促进的进程内容的首要部分,就是促进了客户内在的清晰度——我们清晰地认识了自己想什么和要什么。

这也成了教练对话的第一个步骤,澄清对方在对话中想要得到什么效果。如何可以得到这个效果呢?

首先,效果是当下客户的状态,这个状态包括脑海中的想法以及身体的感受和行为表现。作为教练,我们永远需要关注当下,我们只能教练当下,教练效果也是在当下发生。所以,当客户说我想要去跑步、我想要去学英语、我想要去旅行、我想要去创业等这些时,我都会回应对方:

是的,我听到了。去做吧!
什么?!你做不了?那么,什么在阻碍你?

这里充满了强烈的挑战，我们假设了一个人拥有所有他想要做的所有资源，唯一阻碍我们的，是我们自己的内心。

要做到这些，教练需要足够敏锐和聚焦，敏锐觉察出客户的目标是否在当下，聚焦于促进客户实现效果的进程。把责任交换给对方，你想要什么，你自己去做吧。除非，这是一个当下的内在游戏。我们总是关注和探索对方的内在世界，在他们的内心，他们究竟是如何运作的，以致他们阻碍了自己。

在这里，本质上，我们的内心需要有三个问题的答案。这三个问题分别是：要什么、为什么、怎么做。

通常，我们也是通过不断地问出这三个问题，用以澄清客户在当下究竟想要什么效果。当然，为了能够更有效地提问以及促进对方的思考，这三个问题的形式有各种变化和一系列细节，但总归能够包含在这三个问题的类别当中。

而大部分的时候，客户仅仅是在回答这三个问题的过程中，就清楚了自己原本不清楚的部分。大部分的时候，这就是客户所需要的效果。

为什么说"效果"是教练的核心目标呢？我们首先

定义了"效果"是指客户当下能够实现的身心状态。我们的大脑神经系统，通过感官系统，建立了对于外在世界刺激的反应。这些反应表现为某种固定或可以选择的映射关系。这种对于感官表象的映射是双向的，就像两面相对的镜子，互为映射。因此，人类的智能体现之一，就是我们可以通过对内在表象的再次映射产生自我反思。同时，当我们在内在想象／回忆这些感官表象时，我们也能对此产生映射，从而引发身心的生理反应，进入某种身心状态。这些映射关系，其实就是我们概念中所说的"意义"。我们依赖意义而活，意思就是我们依赖这些神经映射关系而活。我们教练他人，本质上就是教练了对方的意义。我们在后面的内容中，也会再详细解拆我们赖以生存的意义究竟是什么。

在教练对话中，我们需要做的，就是引导对方，获得一个他们想要的身心状态。这种身心状态，对应了他们在脑海中所想象的内容。本质上，如果教练对话产生了效果，意思是客户使用了其他的映射方式来对应脑海中的某个感官表象。

这也是在我们明确客户想要实现的效果之后，接下来对话的第二个步骤，就是促进客户获得效果——利用改变意义，重新选择其他的神经映射方式，从而获得自己想要的身心状态。

我处理过一个害怕蛇的个案，客户因为某个经历，导致自己害怕蛇的形象，无论是看到图片影像还是听到这个名词，都会进入一种强烈的恐惧情绪。通过对话，帮助对方重新建立了关于这个词语——感官表象——所映射的反应，本质上是重新选择了另一个相关的感官表象，从而瞬间消除了客户的恐惧情绪。20 分钟后，客户完全改变了对待这个概念的表现，不仅可以听、自然的谈论，也可以观看图片和影像。后来，该客户在某次带孩子去动物园时，专门发了一张照片给我——她和她的孩子在动物园的"蛇馆"参观，她已经可以完全正常地对待这个概念了。

在这里，最后我想要强调一点，我们需要区分效果和情绪。这里的情绪，是我们世俗化所表达的情绪。是那些情绪的词语和概念，诸如愤怒、悲伤、快乐、喜悦、恐惧、焦虑、尴尬，等等。这些词语只是一些概念，而我们处在某种情绪中时，是有非常具体的内在表象——脑海中想到什么、看到什么、听到什么，身体上有具体的生理感受和行为表现——流泪、呼吸急促、血压升高、咽部肿大导致哽咽、身体紧绷，等等。而这些都只是症状，背后的原因，是我们选择了如何映射那些脑海中的感官表象。因此，作为教练，我们重视那些情绪，通过情绪，我们需要处理的，是背后的神经映射，也就是内在游戏——我们赖以生存的意义。

我们教练效果，我们教练意义。

激励

人类并非是因为得到了"结果"而被激励，恰恰相反，人类是因为得到了激励从而创造出伟大而辉煌的"结果"！

是什么正在激励你？当我们问出这个问题的时候，有意无意地，我们会去思考一个具体的物件，因此答案可能是财富、健康、自由，等等，听起来，就像激励是由其他什么东西或者其他人提供给我们的。这种惯性长久以来影响着我们对"激励"的理解，仿佛它是一个由外部提供的效果。而事实上，如果我们仔细去探寻这个过程，你会发现，真正的激励，发生在一个人的内心。

本质上，激励是一个内在游戏。是指我们在内心中获得了前行的勇气和动力，是我们内在发生了某些变化，虽然外在因素会对我们产生影响，但本质上，这是一个我们内在可以决定的效果。

我们需要做的，就是探索一个人内心获得力量和勇气的过程、在这个进程中哪些因素是必要和关键的，以及我们做什么可以促进这个进程的发生。

而这些，也是我在谈教练这个话题的时候，我想要谈的核心所在。在这里，我想要跟读者诸君谈的内容，基于我自 2013 年开始对这个话题的探索和思考，以及我的教练生涯中的实践和总结。观点偏颇之处，在所难免。

人类的内心丰富多彩，每一个个体的想法都千差万别。一个人内心得到激励的过程，也各不相同。然而，这其中的奥秘又简单而一致。拙于言辞，为了能够表达清楚，我尽可能直接说出结论，以为商榷。

首先，我想要直接说出对于"激励"的定义：

激励是指一个人的内心对于自己想要实现的愿景产生了热情和动力，提升了自己在实现愿景中的投入度。本质上，这是一个内心深处的变化活动，由自我掌控。所有的激励，都发生在一个人的内心！

因此，激励是发生在一个人内心深处的效果。我们"不能激励"别人，但是我们可以促进他人在内心实现获得激励的效果。

那么，当一个人在内在得到了激励的效果，外在呈现为提升了在某个活动中的投入度时，这个内在游戏具体是如何运作的呢？

开始前，我想到了一个小故事。

说有一个退休的老头儿，因为喜欢清静的生活，就搬到了安静的郊区居住。老头儿有每天午睡的习惯。这一天，老头儿午睡时，被窗外喧哗的吵闹声吵醒了。老头儿起身出来一看，原来是一群孩子在你追我赶地玩耍。一连好几天都是如此，老头儿的安静生活被打乱了，午睡也无法继续。

于是，这一天下午，当孩子们玩得差不多的时候。老头儿走了出来，把孩子们叫到自己身边，给了孩子们每人一元钱，说："谢谢你们，孩子们。感谢你们为我带来了欢乐和热闹，我知道玩得很累，给你们每人1元钱，作为我的感谢和对你们的补偿。"

孩子们有些诧异，但很快就拿着钱开心地一哄而散了。

第二天下午，孩子们又来了，在外面呼啸而来。同样，到了差不多的时候，老头儿再次打开门，又把孩子们招呼到自己身边，说了昨天同样的话，不同的是，这次老头儿说："实在抱歉，今天我没有那么多钱了，每人只给你们5角钱，作为我的感谢和对你们的补偿吧。"

孩子们虽然说有些失落，但还是再次高兴地一哄而散了。

第三天下午，孩子们又来了，同样在外面呼啸而来。同样，到了孩子们玩得差不多的时候，老头儿打开门，把孩子们聚集到自己身边，说着同样的话，只不过，这次，老头儿说："实在抱歉，没有钱了，每个人只有1角钱给你们，作为我的感谢和对你们的补偿。"

孩子们彻底愤怒了。其中一个孩子说道："才1毛钱，你知不知道我们玩得很辛苦啊，明天，明天不来玩了。"说完，孩子们悻悻然离去。

第四天，屋外又恢复了往日的平静。

故事讲完了，孩子们为谁而玩呢？我们在生活中，是否也有过像这些孩子一样的时刻，忘记了为谁而玩呢？

我常常用这个故事来作为我教授激励领导力课程的开头。孩子们本来是为自己而玩的，可后来却不愿意为来老头儿玩了。从表现上来看，孩子们的在"玩"这个活动中的投入度下降了。那么，这个过程是如何发生的呢？

有人说老头儿太坏了，都是老头儿的计谋。那么，老头儿的计谋是如何起作用的呢？

首先说结论：由于外在奖励改变了目的，而导致了投入度下降。

怎么理解呢？原本孩子们玩耍，玩耍这个活动本身就是孩子们的目的。可当老头儿给予孩子们外在的金钱奖励的时候，特别是当老头儿说"作为我的感谢和对你们的补偿"的时候，"玩耍"这个活动，就从"目的"变成了"手段"了，目的变成了通过玩得到老头儿的补偿和奖励。

而这样的一个目的，结果并不掌控在孩子们手中，奖励的多少是老头决定的。所以，当孩子们通过"玩"这个手段，逐渐得不到自己想要的结果——足够的金钱奖励——的时候，孩子们就会评估付出和收获是否匹配。一旦做出不匹配的结论时，投入度就下降了。

事实上，大部分的人在大部分的时候，我们总是会觉得自己付出的要远远超过自己所得到的。这种评估一旦形成，就会对我们的投入度产生干扰，从而降低我们对该项活动的投入度。

本质上，是我们混淆了手段和目的。比如说孩子的学习，如果学习成了获得奖励、获得表扬、获得认可等的手段时，而这些奖励、表扬、认可都不是孩子们能够掌控的，都需要别人来提供的时候，激励，就变成了一个由他人来掌控的结果。

那么，真正的激励，需要如何发生，以及关键何在呢？

首先，需要产生意愿和动力。这反映为我们的内在需要对两个问题拥有答案：要什么以及为什么。

要什么回答了意图的方向，为什么反映了背后的需求和动机。我们所追求的——要什么，反映了我们的身体（生命）所想要实现的效果——为什么，也就是我们得到的某种体验。

要什么：想要喝水。
为什么：解决口渴和满足身体的需要。

要什么：拥有稳定收入的工作。
为什么：满足自己的日常生活需求，拥有安全感，自己会安心踏实。

要什么：优秀员工的荣誉称号。
为什么：被认可和被尊重的体验，付出得到认可的满足感，以及成就感。

有了关于"要什么"和"为什么"的答案，我们采取行动前，还需要知道"怎么做"——具体做什么能够实现我想要的？仅仅有动力并不一定能够带来行动，行动需要知道具体的行为步骤。

一个人在内心深处得到激励的程度，和他们内在对于这三个问题的答案的清晰程度成正相关。

这三个问题构成了激励这个内在游戏的核心结构。想要促进一个人得到激励，本质上，是启发和帮助一个人在内在清晰这三个问题的答案。

我们的教练对话的基本结构，也是这三个问题。只不过，为了能够清晰地回答这三个问题，我们需要通过不同的问题、不同方式的提问和不同细致程度的提问帮助对方，在内在思考的深度上进行促进，从而得到满足自己需要的问题答案。任何一个不够清晰或者我们没有答案的地方，就会成为我们内在游戏中的干扰和阻碍，从而降低我们的投入度。

本质上，这是一个自我掌控的过程。也就是说，一个人是否能够得到激励的效果，是完全能够由自己决定的。那为什么还要去"激励"人们呢？准确地说，是我们通过促进，帮助人们在内在得到激励的效果。在外在，呈现为在某个活动或愿景中提升了投入度。而投入度基本和两个因素有关，一个是动力，一个是干扰。动力来自动机，干扰来自内在框架。

亚伯拉罕·马斯洛（亚伯拉罕·马斯洛是美国著名社会心理学家，第三代心理学的开创者，提出了融合精神分析心理学和行为主义心理学的人本主义心理学理论，于其中融合了其美学思想。他的主要成就包括提出了人本主义心理学理论，提出了马斯洛需求层次理论，代表作品有《动机与人格》《存在心理学探索》《人性能达到的境界》等。）曾经总结出了人类的需求层次。一种是缺失性的，一种是存在性的。生理需求、安全需求、社交需求、尊重需求属于缺失性需求，自我实现需求属于存在性需求。什么意思呢？缺失性需求是指这些需求需要通过外部机制得到满足，而一旦有机生命体获得满足，该需求产生的动机就会暂时消失。比如我们口渴的时候，该生理需求产生了动机，驱动我们寻找水源，但当我们喝了足够的水，满足生理需求的时候，喝水的动机就会暂时消失，不再驱动我们了。这些缺失性需求，我们自身不能提供给自己，需要外部机制来提供。而存在性需求，也就是自我实现需求，是通过我们自身去做某些行为来获得满足的，该行为的目的是我们个体自发产生的。比如我们想要成为一名优秀的教练、我们想要去登山、我们想要去创造文学艺术作品，等等，这些动机驱动我们去做这样那样的行为，登山、绘画、写作，等等，而这些动机不会因为我们做了一次该行为就暂时消失，反而会因为我们做了该行为后，该动机会更加强烈，我们越是去登山，我们越是去绘画、写作等，我们越是想要做更多。这种人类特别的需求驱动了我们不断地探索和创造。因此，真正的激励就是促进一个人迈向自我实现的驱动，活在自我实现的目的之下的过程。

因此，我为什么说不存在外部的激励呢？首要的原因就是，动机只会在内在产生，干扰也是内在创造的。一个人之所以得到了激励，是内在动机得到了明确和彰显，以及内在干扰得到了消除或者降低。而这些，都是在一个人内在发生的变化，外部教练或者领导，或者其他人，只是促进了这个进程的发生。

那么大部分的所谓外部激励的问题出在哪里呢？是我们以为提供一个缺失性需求，就能够起到激励的作用。问题是，如果一个人不能把外在由其他人提供的缺失性需求的满足连接到自己的内在动机（本质上是承责，意思为自己负责任，我们在后面详细说明这一点），那么，事实上外部结果并不能激励到他。恰恰相反，外部结果反而会对那个我们想要激励的人形成干扰。干扰形成的一个重要情形就是"被激励的对象会因此而评估支出和收获是否合理"，一旦被激励者认为这个"支出与收获"并不合理，就会影响他们的投入度。

因此，事实上所有我们提供用来满足缺失性需求的外在结果，从提供者的角度来看，只是一个满足对方的必要条件。就好比汽车要开动，需要加油或者充电。如果我们不能促进一个人清晰认识他们自己内在的动机，那么我们其实并没有激励到他们。那些貌似我们通过外在结果来激励到的案例，原因是那些案例里的个体，他们清晰或者部分清晰了自己的内在动机。这个内在动机的清晰度，直接影响他们得到激励的程度。

一个领导者，在提供了外部结果的同时，如果不能为这些外部结果设框，以及通过对话来清晰认识那些对象们的内在动机，那么，这些外部结果，就毫无用处，甚至是适得其反。

这里提到的设框，就是指定义这些外部结果为"满足"的必要条件。从长远来看，一个人得到激励的持久性，必然发生在其得到满足之后。这里的背后的预设前提就是，缺失性需求不是用来创造动机的，缺失性需求是必要条件，是需要得到满足的。一旦满足，真正的动机——自我实现——才会得到彰显。

这就好比我们种庄稼，收获果实。为此，我们首先要提供庄稼需要的养分、水、空气、阳光。我们不能用这些来作为激励庄稼的因素，我想没有任何一个农民会这么想吧？

那么一个人需要什么条件呢？马斯洛说的那些缺失性需求，就是我们的条件。一个人在成长过程中，也像庄稼一样，需要水、空气、阳光、养分等这些条件。马斯洛需求层次中的生理需求和安全需求，就是这些外部环境所提供的。我把这些需求层次重新做了分类。

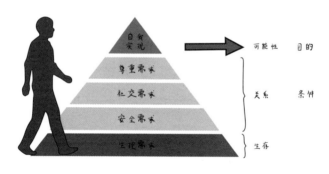

人类的需求层次

马斯洛所说的社交需求和尊重需求，本质上，是需要通过人和人之间的关系来实现的。是指我们需要被他人如此对待——信任、理解、关怀、认可、接纳、重视、欣赏，获得这样的关系后，我们才能得到条件的满足，我们才能成为一个人——成为活出了自我实现特征的生命个体。如果一个人在"关系"上，成长过程中没能得到满足，这个人就没有成长为一个"人",虽然在身体上成熟了,可是在作为一个"人"的心理上,没有得到成熟。因此,几乎所有失调的心理症状,都是因为我们还没有在内在成长为一个人。这也是在心理辅导和治疗中,本质上疗愈是"移情"的结果,就是使其获得满足。正如罗杰斯(1902年-1987年,美国心理学家,人本主义心理学的主要代表人物之一。他从事心理咨询和治疗的实践与研究,主张"以当事人为中心"的心理治疗方法,首创非指导性治疗——案主中心治疗,强调人具备自我调整以恢复心理健康的能力。)在他的著作《个人形成论》中提到的:

我看到一个个崭新的生命从这里(罗杰斯的心理咨询室)诞生,他们从这里成为一个人。

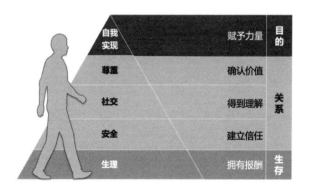

我把马斯洛定义的生理需求归纳为生存需要,在现代社会,或者在组织管理和领导力层面,我用"拥有报酬"

来代替这个。需要详细说明的是关于中间三个层次：安全、社交、尊重，我归纳为关系。

人际关系，在我们的一生中，我们都几乎离不开这个词，我们总是会生活在某个"关系"之中。

那么，人际关系究竟是什么呢？我们又为什么需要"关系"？

关系，这是一个名词。不过，这个名词，并非是一个具体的物件。意思是，我们不能把某个"关系"摆在桌子上仔细端详一番，我们也不能把某个"关系"放进行李箱或者扔进汽车的后备厢带走。在我们的脑海里我们形成了这个"关系"的概念。那么，当我们在说这个词语——关系的时候，究竟我们在说的是什么？

人际关系的定义：

人际关系，就是人和人之间联系、交流、沟通及互动的所有方式的总和，这种方式反映了我们寻求满足自身需求的内在框架。

比如说，我们每一个人都有自己定义的某个关系，针对爱人的亲密关系、针对同事的工作关系、针对家庭内部的亲子关系，等等。我们内在的这种定义，反映了我们寻求满足自身需求的框架。这个定义之中，包含了我们期待他人如何来对待自己，以及我们又会如何来回应他人。这个定义的背后，反映了我们内在的框架。每一个关系的特征，就是这个定义的核心，背后就是我们赋予这种互动交流方式的意义。

社交和尊重需求，我们得到满足的方式，就是通过他人对待我们的关系来得到的。这两种需求，当然，也包括一些安全感的需求（安全分为两种，一种是对于环境的安全需求，一种是自我内在的"安全感"的需求，这两者有一些差别），都是需要通过和他人的互动来得到的。而这样的互动，就是我们定义的某个"人际关系"。

这就给了我们一些启发，事实上，大部分的人，在追求满足自我的社交（归属感和爱）和尊重需求上，反而忽略了他人对待我们的细节。大部分的人，都是把得到某个结果，当成了满足自我这两类需求的方法。比如说，得到某些头衔、拥有某些学历、获得大量财富，等等，事实上，给我们再多这些结果，如果没有我们期待的关系——我们需要得到他人的理解、信任、欣赏、认可、赞美、关怀、爱等，我们其实无法让自己满足。

这也是我们需要一个团队的原因，或者说，一个真正的团队为什么能够让一个人变得更好，能够激发一个人更多的潜能的核心所在。

因为，在一个真正的团队中，我们通过"关系"，让我们的这个需求得到了满足。我们被理解、信任、认可、欣赏，从而，我们可以来到自我实现的层次，在那里，我们得到了释放，我们变得更好了。

这就是一个领导者要做的，为你的团队成员，提供这种关系的需求满足。而领导力，本质上也是一种关系的体现。

罗杰斯将这样的关系描述成助益性关系，意为能够支持一个人在关系需求上得到满足，从而作为一个人——智能的特征——活出目的互动方式。

这些助益性关系，具体表现在通过具体的行为和交流沟通方式，促进一个人对于安全、归属、理解、欣赏、尊重方面的需求得到满足。

实现这些助益性关系的核心就是支持的技能，具体表现在"建立信任、得到理解、确认价值、赋予力量"，同样，这些行为也构成领导力的核心，对应的技能就成为相应的领导力技能。

因此，我总结出了激励一个人的逻辑模型。

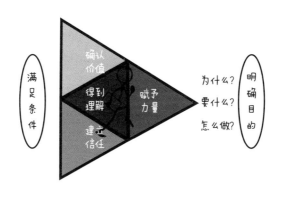

激励模型

真正的激励，是指一个人获得满足，从而内在的目的得以呈现，并由此而获得驱动，实现自我潜能的释放。这个进程，就是激励。

因此，这也体现了，在当今物质生活富足的情况下，为孩子提供无条件的助益性关系的重要性。孩子成长的过程，就是自我实现的目的得以彰显的过程。论语有云：三军可夺帅，匹夫不可夺志。拥有志向使得我们成为一个真正的人！少年立志，是以成人。

一方面，为孩子提供无条件的关怀、理解、认可、欣赏、尊重；同时，启发和挑战孩子尝试和体验不同的活动，鼓励他们探索自己的热情和天赋，从而建立起自己内在的自我目的。自我实现的内在动机，本质上是智能的体现，是对于可能性的永恒好奇——我的生命，究竟有怎样的可能性？

而在一个团队中，这样的一种团队关系也促进团队中的每一个个体呈现出自己最好的表现，通过关系成就了最好的自己。这就是团队存在的核心价值之一。领导力的关键体现，便是有多少人跟随以及跟随者的投入度。而投入度，正是一个领导者激励能力的体现。

11

坚持住

这也是激励的核心场景，同时，也可能是大部分的人都会遇到的困难。如何才能持续行动，以至于能够实现目标？在我的教练对话生涯中，无数次遇到坐在我身边的客户提出这些问题。

比如说，有人问，我跑步跑几次没问题，问题是坚持不下来。怎么才能坚持？

又有人问，在减肥这个目标上，我可以坚持一周，有时可能是一个月，但一旦因为某些原因暂停了几次，就很难继续坚持了。如何才能坚持，直到实现目标？

我想要养成运动的习惯，可我就是不能坚持，有没有什么办法可以让我能坚持下去，直到养成运动的习惯？

我可以制定一个计划，可是一旦中间某个点没有完成，或者因为某个突发事件打乱了计划，我就很难继续执行计划了。如何才能持续地完成计划？

......

如果你是一名教练，你可能遇到过很多次类似主题的教练对话；又或者，这本身也是你自己的问题之一。你有一个长远的目标，或者你想要养成某个习惯，需要你持续行动，可是，这就好像一个魔咒一般，越是需要持续越是无法持续。那么要如何做，才能让自己持续行动直到实现目标？而面对这样的教练对话，作为教练，又该如何应对呢？

我想起有一次，某个参加我课程的学员在电梯里问我是如何坚持跑步的。我反问对方："你平时有没有什么兴趣爱好？"对方回答我说爱看电影。我说："你有没有想过要坚持看电影呢？""当然没有。""那就是了，这就是我能坚持跑步的原因。"

当我们谈到"坚持"这个词时，通常，坚持是针对困难的行为的。要不然，就不存在坚持了。坚持住的意思，是现在感到吃力，感到困难了。你睡得很香，很舒服，不需要坚持，只需要持续就好了。

坚持是有时间概念的，多久？什么频率？如果脱离了时间和频率来谈坚持某个活动，是极不清晰和毫无意义的。结合我们在前面提到的，我们的语言和思维会删减信息。在坚持这个话题上，同样如此。我们删减了一些重要的信息。比方说坚持锻炼。是一周锻炼一次，还是一天锻炼一次？是坚持做一个月，还是坚持做一年？是一次锻炼10分钟，还是一次锻炼10小时？如果中间某一次因为生病或者突发事件没有做，后来的算不算坚持？

因此，在这个问题上，我们有两个隐藏的心智框架——内在游戏。其一，我们要做的这件事或者目标，是"困难"或"吃力"的；其二，在我们的脑海中，关于这件事或目标，我们的时间框架是在未来。我们先来看看第一个内在游戏——困难。

什么是"困难"？或者说，"困难"这个词，是什么意思？

这是一个形容词，有时候我们用来做名词了。比如，"我遇到困难了""我有个困难要处理"等等。事实上，这个世界从来没有"困难"这个事物。你早上出门，有没有被别人丢在路边的"困难"给绊了一下？你有没有很多"困难"以致你的汽车后备厢都塞不下？你有没有把你的"困难"扔进垃圾桶？或者，你会不会把你的"困难"扔进背包带走？

困难，只存在于我们的内心。困难，是一种体验。比如说参加马拉松比赛，跑完 30 公里之后，体能耗尽，可当我们依然想要保持原先的配速时，我们体验到了困难！比如说你进行体能训练，教练在你每次力竭的尽头，让你再多做一次动作的时候，你体验到了困难。

这些体验是真实的，你需要做更多的努力和尝试才能完成某些行为。因此你的大脑创造出这个框架——这是一个困难。困难是一个体验而已，这个体验在提醒你，实现我们想要的结果和我们的能力之间是怎样的关系。

因此，困难作为一种体验，反映了我们的内在游戏的心智地图和外在现实的疆域体验之间的关系。这是一种提醒，是一种反馈。这样的关系的意义在于困难从来不是独立存在的，困难也不是客观的，困难是一种主观体验。意味着，我们内在游戏的心智地图与我们的体验息息相关，同时，也意味着，我们可以通过调整我们的内在游戏的心智地图来改变对于"困难"的体验。

比如：我们练习钢琴，一首曲子弹了 10 遍，还是不熟练，你觉得困难；学习英语，一个单词读了 5 遍，还没有记住，你觉得困难；每周运动 2 次，一个月过去，体重还没有变化，你觉得困难；等等。

这些困难的背后，并非我们的身体正在经受极限的考验，只是我们的大脑对于我们想要的结果，隐藏着一个"轻松"的心智地图，我们想要"轻松"得到结果，以及在这个背后有一个想要"捷径"的心智模式。当我们想要快一点儿或者轻松一点儿的时候，那些过程就带来了"困难"的体验。就像我在教练对话中很多次遇到的"如何养成某个习惯"的主题那样，背后也是一个"轻松"的心智地图。很多时候，潜台词是，养成习惯了，就轻松了，就自然了。这个困难的体验，是如何在脑海中创造一个"自然就想要"的感觉，而不是在每一次行动时，都要在内心克服那个"不想"的想法的，改变自己的意愿和想法是困难的。

而事实上，真正的困难的体验，我是说身体生理上的极限，并不常见。在我们大部分的日常活动和目标中，我们体验到的困难，并非身体生理上的极限的考验，而是我们大脑对于这种"轻松／捷径"的内在游戏的心智地图的体验。

可是，生命从来就不"轻松"，《少有人走的路》的作者斯科特在书中开篇就写到"人生苦难重重"。你看一看这个世界上所有的生命，哪一个生命是轻松的？哪一个生命不是历尽艰难？在现在的时代，在一个人类统治的时代，其他的生命只怕是活得更加艰难。当然，我们人类自己也是苦难重重。我们的艰难，不是外在，而是内心。

生命并非是一个结果，而是一个经历。我们不是活在结果里，我们是活在进程中的。当我们活在结果中的时候，"捷径"的想法就出现了。生命无须着急，生命也不用着急。艰难而自然，是生命的本来面目。从生到死，我们是活在生死之间的。

在这个过程中，所有我们想要实现和成就的，都依赖于我们的行动和能力。若要技艺臻熟，唯有日复一日。如果我们用这样的态度来对待我们所要坚持的事，困难，至少大部分的困难，可能都不再是困难了。

而真正的坚持，是在极限出现的那一刻。这是真正需要坚持的地方，当即将触碰到极限的时候，我们需要，咬咬牙，坚持住！

我们再来看看内在游戏中另一个关于时间的问题。

同样的，时间是什么呢？我并不想讨论物理学，比如霍金先生的《时间简史》，或者什么量子理论之类。我想跟大家说的，是当我们说时间的时候，我们的内在游戏是怎样的？以及这个关于时间的内在游戏是如何阻碍或是促进我们实现我们想要得到的效果的。

首先，当我们在说没时间的时候，就好像"时间"是一个具体的东西一样。比如说：

"你有没有时间？"

"我有半个小时的时间。"

"噢，对不起，我只有 10 分钟的时间。"

"最近我很忙，没时间做运动。"

……

这让我想起曾经看过的一部科幻电影——《时间规划局》。在这部电影里，所有的交易和度量的单位，都是时间。如果一个人没有时间了，就意味着死亡。在这部电影里，时间，就是一个人能够存活多久；而且，你可以给别人时间——减少你自己存活的时间，延续别人存活的时间。当然，在我们的现实中，我们其实无法把"时间"放在桌子上给所有人看到，我们也无法触摸到"时间"，感受"时间"究竟是冷还是热，是光滑还是粗糙。我们说的一个月，一个小时，几点几分，几月几日，是用了地球自转或者地球公转的位置来作为标记的。

所以，我们无法做到给你 10 分钟！当我们说给你 10 分钟，并非把我的时间像给某个物体一样给到你，而是指我可以安排 10 分钟的时间，来和你一起做某些事情。

于是，当我的教练对象跟我说，我没有时间做某事的时候。我会这么回复对方：是的，我知道。当你说你没有时间的时候，我理解你是在说你只是没有安排时间去做这件事。那么，你想安排多少时间来做这件事呢？

我们通过内在的体验，感受到时间。有时候，你会感觉时间特别快；有时候，你又会觉得度日如年；而有的时候，你甚至感觉到时间停滞了。这种内在的体验，就是我们脑海中的记忆和想象。我们有记忆，有想象，因此，我们能感受到过去和将来。事实上，从来就不存在过去和将来。过去和将来，这是我们大脑创造出来的对于宇宙万物运动的体验。关键是，虽然不存在过去和将来，可是，大脑创造的体验会让我们感觉到过去和将来。以至于，我们很多时候会活在过去的回忆或者将来的想象里。

当一个人总是活在过去的某种负面的体验里，那么这个人就会表现出负面的情绪和状态；当一个人总是活在将来的想象里，那么可能就表现得恍惚而不切实际；当一个人总在关切将来的结果，那么可能就表现出焦虑和不安。

所有这些，就成了我们能够在当下释放自己内在的潜能、拥有此刻最好的表现的一个阻碍。

回到这个主题，我们想要坚持某件事、某个行为的时候，我们在脑海中创造出了未来的景象。"我不能坚持跑步，这是一个问题。"当有人这样说的时候，我们并没有真实地在跑步。我们在脑海中想象未来，我要持久地跑一段时间，持久地将跑步这个活动作为日常的一项常规活动。而作为未来并不确定的一个事件，以及我们并未实现过的效果，我们对于这其中的困难产生了一些恐惧和担忧。这些情绪，阻碍了我们。

事实上，就像我在开头提到的，我在我的第一次马拉松经历中所感悟到的，以及在后来，在我完成 100 公里越野跑比赛的时候所深刻体会到的一样，完成一个跑步比赛最重要的关键行为，就是重复把一只脚放在另一只脚的前面。而在一次 100 公里的跑步比赛中，每一次完成这个动作，并不特别困难。连续起来，就好像坚持了一件事。

因此，持续行动，直到实现目标的关键，有如下几点。

第一，建立对目标的动力。探索实现目标的价值和意义，需要能够连接自己深层次的价值观，探寻意义背后的意义。很多时候，你想要实现的目标，之所以存在一个持续行动的困难，往往是目标只是存在于意识逻辑层面。意思就是说，我们只是在思想层面认为"应该"要实现这个目标，这个目标存在于"道理"的层面。而动力，是来自于我们内心想要和渴望的动机。如果目标没有连接我们的价值和意义，目标就变得苍白而无力。连接动机和目的最重要的问题，便是"为什么"，为什么想要这个？为什么重要？这个问题，会带领我们去探索，在我们内心深处，究竟什么才是重要的。

当然，很多时候，我们内心太多的声音和念头，就像浑浊的水一样，阻碍了我们看清自己内在真正的渴望。非宁静无以致远，在我越过100公里比赛的终点线的那一刻，我所体验到的。就像每一次力竭的尽头，都能体验到那份宁静一样。选择一个能够让自己安静下来，得到内在宁静的方式，运动、瑜伽、禅修、正念，等等。在纷繁的当代，很重要。

第二，一旦建立的对目标的动力，我们反而需要把目光从目标上收回来。这听起来比较矛盾，确实是的，我们既要紧盯目标，又要忘记目标。目标放在心里就好了，眼睛要看着脚下。目标是在未来实现的，要是看着目标，就老是想着未来，当下才是最有力量的。眼睛盯着当下，把焦点放在行为上，而不是结果上。我们之所以不能持续行动，其中一个重要的原因，就是当我们总是盯着结果的时候，很容易就放大了因为一时的困难而产生的挫败感。同时，眼睛盯着未来的结果，不可控的感觉就会产生，挫败感和不可控的感觉都会影响我们能够持续行动的信心，你越这样想，你就越担心持续的问题。

事实上，当你眼睛盯着当下的时候，持续感就消失了。你只要做好每一次就好了，做好一次，并不会太困难。持续是一个我们大脑对于时间体验的框架所创造出来的假象，真相是当下的行动才是真实的、可掌控的。

第三，当我们执行我们的计划的时候——计划通常都是关于未来的，在时间体验的框架下的——正如有句名言"没有一个作战是按照计划来进行的"一样，我们总会有各种情况发生，即使这样，计划也当然是重要的。问题是，当我们脱离了计划的时候，我们是如何思考的。有时候，一旦有一次没有按照计划行动，我们内心就仿佛已经失败了一样，我们对自己所做到的那些结果，也一并否定，就好像自己什么都没做一样。

我们把自己做到的行为打折了。我们对自己太挑剔，不允许自己犯错。我们总是评判自己，把行为和自身连在一起。我们需要能够把一个人的行为和一个人分开。当我们焦点在评判自己的时候，我们就忘记了什么才是重要的。

我们把实现目标的方法当作了目标本身。

我们坚持计划，却忘了计划服务于目标。我们真正要坚持的，是实现目标，而不是实现目标的手段。

第四，从行为中发现乐趣。目标是严肃的，可是实现目标的过程，是需要好玩的。如果你总是使用"坚持"这个词，你就会感受到压力。而一旦你开始享受过程带来的乐趣，坚持就消失了。好玩的、有乐趣的才会吸引我们，我们自然就会持续这样的行为。

如何找到乐趣呢？当然需要时间和过程。我对那些咨询我如何养成跑步习惯的人常常说，刚开始跑慢一点儿。我们高估了自己的能力，我们也低估了自己的潜能。第一次跑步，跑得很快，刚过 5 分钟，才完成几百米，就累得气喘吁吁，体验很糟糕，可脑海中又认为要跑 30 分钟才算一次"正常的"跑步，于是，困难就出现了。跑步这个运动，在那一刻，又怎么有乐趣可言？

刚开始，慢一点儿。在公园体验阳光、体验绿树、体验慢跑带来的活力、体验身体渐渐发热微微出汗的畅快，一个月之后，可能你就建立了热爱了。

事实上，乐趣是建立在正面意义之上的。最初，当我们慢慢体验到这些朴素的乐趣（是指有活动本身带来的体验）之后，我们可以为此创造和赋予更多的正面意义。任何一个人，持续奔跑 30 公里之后，都会感受到肉体上的痛苦，都会感受到在生理上持续这个行为的困难，如果我们的关注点仅仅在这些痛苦的体验上时，我们坚持的难度就

增加了。可当我们把注意力集中在正面的体验上，在这个
活动的更高层面创造和赋予正面意义，比如说可能是成就
感、自信、掌控感、自由、克服困难、自我超越，等等，
当我们赋予的意义越多越有质量时，我们就越能从中体验
到这些更高层次的乐趣。

热爱，就是这样的正面体验不断积累后，不断对在此
基础上的更高层面的意义的体验并积累所产生而来的。

这是持久激励我们的动力源泉！

压力管理

压力，你有吗？这是一个问题吗？

当我们使用这个词——压力——的时候，我们是什么意思呢？如果从生理指标上来分析，本质上是一种叫皮质醇的物质在发生作用。当然，在这里我并不想从生理学的角度来谈这件事。我想换一个角度——一个即便没有生理学知识，也能理解的角度——来谈一谈这件事。

我们可以从现实的生活中获得关于压力的体验。如果仅仅从字面的意思来理解，压力是一个物理学名词，指的是物体间由于相互挤压，在接触的表面所产生的垂直的力。当相互挤压发生时，两个物体之间相互产生了限制，从而产生了"压力"。我们观察一下，比如高压锅的现象，当锅内的气体受热后扩散时被高压锅的锅盖所限制，产生了压力；比如在进行负重深蹲锻炼时，杠铃的重量对我们想要站立的身体产生了限制，产生了压力；等等。

因此，当我们使用"压力"这个词来描述我们的身心状态时，通常都是指存在某个限制，而我们想要对抗这种限制的情境状态。比如下面的例子。

你需要准时坐上一趟动车，在时间上，我们有一个"限制"，所以当路上发生塞车，要迟到时，我们可能体验到了"压力"。

每个月固定的时间需要给银行还月供，无论是时间上还是支出上，我们有一个"限制"，我们体验到了"压力"。

在公司年会上上台表演节目，我们内心有一个想法：一定要表现得完美一点儿，"一定"这个信念在内心创造了一个"限制"，我们体验到了压力。

这个月的业绩还没有达标，月底快到了，我们体验到了压力。

第一次与重要客户谈判，公司说无论如何都要拿下客户订单，我们体验到了压力。

……

这些情境我们可以一直举例，你会发现，如果是这样，生活中存在压力的情境数不胜数。

但并非每一个情境都是"问题"！什么时候，"压力"会成为一个问题呢？或者说，压力是如何成为一个问题的？

我们来回想一下这些产生压力的情境，留意那时的身体的感受，脑海中出现的想法。回到前面的那些例子里，就比如说准时赶上动车这件事吧，时间上这是一种"限制"，什么时候产生了压力呢？可能是在距离开车时间还有20分钟时，你搭乘的出租车还塞在高架路上。压力产生在一个实现结果有困难的状况之中，而与此同时，结果有某种程度上的限制。这种限制越刚性，则压力越大。

然而，这仅仅是产生"压力"的原因，但并非是一个"问题"！很多时候，我们确实会有很多非常刚性的限制，比如你在野外遇上猛兽、你身处危险的境遇之下，等等，面临生死考验时，压力产生了。回到我们前面所提到的，生理上，皮质醇的作用之一就是让我们的身体机能产生改变，以应对当前的危机和困难。

所以，压力并不是问题，我们面对压力时，我们内在的反应可能是一个问题。问题是当我们处在压力之下时，本质上是在困难时，我们内在产生了恐惧。恐惧才是真正的问题！

　　有的恐惧很明显，有的不是，它呈现出缓慢的紧张和焦虑。通常，这些会在我们脑海中的想法和自我对话中有所体现。大多数时候，可能是诸如"怎么办呢？""怎么办才好？"之类的，而且，往往是伴随着在想象自己无法实现结果后的糟糕情景。当我们这样想的时候，这样的一个"内在游戏"，成了我们的"问题"！

　　恐惧的对象有两种，一种是结果，我们害怕那个"有限制"的结果；一种是"困难"，达成结果的过程并不轻松。有的结果是真实的，有的只是脑海中创造出来的，也就是说，有的"限制"是真实的，比如要赶上动车，就需要按照列车的时刻表准时检票；每月的银行月供到时间就要还，否则会有失信记录；等等。而有的"限制"，是我们自己在脑海中创造出来的，比如说那些我们可能常常听到或者我们常常说的：

　　　　你知道的，无论如何，我反正是不能辞职的。
　　　　我是不能接受我的表现不好的，必须完美才行。
　　　　我必须把事情做对，绝对不能错！
　　　　每次考试，必须全班第一！
　　　　我应该要做到坚持不懈才行。
　　　　……

这些脑海中的信念的"限制"，创造了压力，同时，如果我们用一种恐惧的感受来面对这些"压力"情境，我们就有了"问题"。

因此，要解决这个压力问题，本质上，首先要解析我们内在的恐惧。究竟那个"结果"是有多可怕，还是结果只是因为我自己脑海中的某个信念限制了自己。有时候，仅仅只是恐惧的情绪在阻碍我们去直面真相。当我们能够克服恐惧，让我们能够在当下一刻停下来，安静地思考，直面心中的恐惧，认真地对待那个结果，仔细地审视可能的结果时，恐惧就消失了。

与此同时，我们需要从结果的恐惧中摆脱出来，当然，我们需要恐惧。恐惧可以提醒我们，也可以带来能量。恐惧并非是一个问题，可我们一直停留在恐惧中，会是一个问题。就像压力不是问题，可是因为压力带来的长期焦虑、恐惧，这是问题。在这里有一个小小的技巧，那就是关于时间。就像前面一章的内容里我们提到的，我们想未来的时候，由于未来并不可控，焦虑就容易发生，特别是想象未来糟糕的结果。我们要做的，是着眼于当下，现在我们能做的是什么。正念的训练针对压力是如此有用的原因，也正是于此。保持在当下，压力就释放了。

当然，我们不能无视那个恐惧的情绪。恐惧通常都是在提醒我们，我们想要的结果或者不想要的那个结果，对我们的意义和价值所在。那意味着，我们重视那个结果，对我们非常重要。我们需要做的，是摆脱恐惧之后，将此结果的价值和意义放在心中，然后带着这个力量把焦点放在当下，思考我们需要什么行动呢？把能量聚焦于行动，推动我们去努力解决问题。把压力转化为动力，就像蒸汽机、汽油机乃至火箭发动机那样，压力越大，动力越足。

当然，无论什么样的发动机，都不可能永远保持一种状态。就像压力来自限制一样，大部分的限制（可能是99.99%），都是在脑海中创造出来的，源自我们内在的信念和认知。一旦执着，我们就输了。智慧的关键就是拥有灵活和弹性，我们需要小心使用那些"应该""必须""绝对""不得不"等词语，那些反映了我们的内在游戏正在如何运作。

因此，压力的管理，本质上有两个，第一，直面恐惧，分析结果，体验价值，聚焦行动；第二，保持灵活，拥有弹性，接受现实，活在当下。

如何拥有弹性，除了身体上的——休息、运动、旅行、娱乐等之外，这些多样性的活动，就是帮助我们调整状态，不要一直处在一个状态中。另外一个，就是在脑海的思想信念中，保持灵活，拥有弹性。这其实是智能的关键表现，保持大脑的可能性，而不是被一种认知信念所固定。掌控自己的想法，这可能是我们真正的挑战和困难所在。

颠倒梦想

在我之前的工作经历中，有一段时间，我经常出差，全国各地跑。那会儿，每到一个城市，第一件事就是买一份当地的地图。按图索骥，在出租车上的时间，就研究当地的地图。看看住在哪里，周边有什么，等等。只不过，地图也不总是准确的。中国的现代城市，发展速度很快，有时候地图的更新赶不上道路设施变化的速度。对着地图和现实的道路，总有一些差异，不过拿着地图，变换着方向，琢磨一下，大部分时候也都能弄明白。实在不行，路边找个当地人问一问，也基本清楚了。

不过，有一次却很尴尬。出差久了，去的地方比较多，包里就会存放其他城市的地图。有一次，拿错了地图，对着地图看了半天，怎么也弄不明白。心里很奇怪，这个地方地图上怎么找不到呢？拿着地图跟路人询问，才猛然发现，自己拿的是其他城市的地图。

再后来，自己开车，用上了电子导航。那会儿的电子地图，和纸质的一样，也是需要更新的。有时候，没有更新地图，而道路的变化很大时，导航的指引就会出错，自己也很茫然。导航的电子荧屏上空白一片，车却走在宽阔的高速公路上。导航系统一遍又一遍的发出"请掉头，请行驶到某某道路"的语音提醒。而此刻，高速公路上又不像走在城市当中，可以方便地找到路人询问。要是急着赶到某地，心里不免就有忐忑不安之感。

这些情景，或许很多人都有经历。我们知道要用尽可能准确的地图来指引我们，我们在地图发生错误的时候，也会及时调整，以现实为导向。同样，在我们的脑海中，也有一幅地图，指引着我们该如何生活。

问题是，我们脑海中的地图，会不会也有不准确，甚至是发生错误的情况呢？如果发生了，我们是否也会像在城市中迷路一样，感到迷茫和沮丧呢？我想你的心中肯定有答案，而且，我们不止一次经历过这个答案的情景。地图并不能总是精准地反映疆域，发生不匹配的时候，你会怎么做呢？更新地图就好了。不过，有时候并不容易。你有没有坚持认为"地图"是对的，而现实的疆域却是错的的时候？

我们脑海中的地图，就是我们和外部信息之间的映射关系。大部分时候，我们也可以称之为认知，或者心智。对应我们脑海中心智地图的外部疆域，就是我们所经历的现实。而所谓现实，本质上就是我们接收到的外部信息，也就是我们能够意识和感知到的，我们最初始的感官知觉体验。疆域是中立的，不好不坏。为什么说感官知觉的体验就是现实的"疆域"呢？因为，我们的生命本身，只能通过感官知觉对世界产生体验。如果离开了我们的感官知觉，其实，我们并不能知道世界是怎样的。从这个意义上来讲，也证实了为什么感官知觉在脑海中对应形成的表象就是我们的意识。每一个个体，都拥有自己的感官知觉体验，这是绝对主观的。

从感官知觉体验上来说，体验是唯一绝对主观的。但我们不能不交流，我们需要发生关系，我们需要沟通。因此，我们创造出语言。我们用声音和符号（视觉图像）来编码这些体验，然后用语言来沟通交流。

所以，当我说：我看到了一支红色的笔。你大概可以理解我所说的是什么，以及我正在体验的是什么。有时候，语言太有艺术性，不能精确。所以，我们在需要精准沟通的场景里，使用数学语言来描述。

这些初始的感官知觉，一旦我们描述它们的时候，我们就已经用编码（语言）代替它们了。因此，疆域虽然存在，却无法表达。我们所表达的，只能尽可能接近疆域，却不能等于疆域。佛法有云：不可说，因为一说即错。语言无法代替体验，疆域不可描述，主观不可避免。为了能够进行表达和交流，在本书中，当我使用"疆域"的时候，我是指我们尽可能使用接近感官知觉描述的体验。比如说：我看到一支红色的笔。当然，没有绝对可以描述的疆域，在这个例子里，红色、笔，都是我们的认知。为了能够表达和交流，我们暂且这么使用"疆域"这个词语。

理解这一点，我们才能区分地图和疆域。为什么要区分呢？

例如：你看到有人朝你翻白眼，这可能是比较接近疆域的体验。可是，我们在说的时候，我们可能会说：有人瞧不起我。我们把我们体验的"朝我翻白眼"，通过我们脑海中的认知地图映射为"瞧不起我"。我们选择了这样的一种地图来映射，就创造出这样的想法。而人类大脑的特别之处在于，我们可以映射我们的映射。就像两面相对的镜子一样，映射可以再次发生。"瞧不起我"这个想法的表象，可以再次通过地图产生映射，比如"我不够好"，或者"对方没礼貌"。这些映射创造出内在的感觉，可能是沮丧，可能是难过，可能是愤怒。

如果我们能够发现其中的差异，就能觉察地图。一旦觉察地图，依据我们人类大脑的神奇功能——对映射的映射，我们可以重新选择新的映射。一个人朝我翻白眼，除了可能是瞧不起我之外，也可能是对方眼里进了沙子。如果我们愿意，我们可以有一万种映射的方式来解释这个"疆域"。我们可以选择服务我们的"地图"。

我们总是依赖地图进行导航，我们也依赖我们的认知进行生活。现代的科技几乎实现了实时的在线地图，而我们的认知，却可能还是 30 年前的。地图没有对错，只是适不适合疆域而已。

能够清晰区分这二者，是一种智慧。我们可以依照我们选择的地图导航，无论怎样，我们总是需要地图。我们只能尽可能选择能够有效服务我们目的、尽可能精准接近疆域的地图。我们无法离开地图。

但即便如此，我们依然需要警醒，地图并非疆域。

阿不思 · 邓布利多：让我解释一下吧。只有世界上最幸福的人可以把意若思镜当成普通的镜子使用，也就是说，他在镜子里看见的就是他自己的模样。明白点儿什么了吗？

哈利 · 波特：魔镜使我们看到我们想要的东西……不管我们想要什么……

阿不思·邓布利多：也对，也不对。它使我们看到的只是我们内心深处最迫切、最强烈的渴望。

在电影《哈利·波特与魔法石》里，有人整天坐在这面意若思镜前面，因为可以感到自己的渴望就像成真一样。

小说中，镜子的名字是"Erised"，也就是渴望"Desire"的反向拼写。

邓布利多在向哈利·波特解释魔镜的危险时说：

"人们在它面前虚度时日，因为他们不知道镜子里的一切是否真实，是否可能实现。"

他同时也告诫哈利·波特：

"沉湎于虚幻的梦想，而忘记现实的生活，这是毫无益处的，千万记住。"

我们大脑的神奇功能——对映射的映射，就是这面意若思镜。我们通过想象、回忆这些大脑的功能，形成脑海中的表象，这些表象并不在现实中为我们的感官知觉所体验，它们并不存在于现实中。可是，仅仅只是我们在脑海中去创造出这样的内在表象，这些内在表象一样可以通过大脑的映射，在我们的身体内创造出情感的体验。就像这些真的在发生一样。所以，有人经历过被蛇咬的体验，10年过去了，虽然那条咬自己的蛇早已不知所终，但我们在脑海中仅仅只是回忆、想象这样的表象时，我们依然能够感觉到恐惧和紧张。就像真的看见一条蛇一样。

我们离不开地图，却又不能把地图当真。如果当真了，要小心！我们把脑海中的想象当成了现实中发生的，这很危险！当然，这也是"魔法的诀窍"。

这就好比那个寓言故事，说一个人丢了斧头，怀疑邻居偷了。因为之前邻居找自己借斧头时，自己没有答应。那一次后，邻居就一直鬼鬼祟祟。这么想之后，那个人开始暗暗观察邻居。果然，邻居每次都故意避开自己，也不敢正面看自己。自己问对方有没有看到自己的斧头时，对方也支支吾吾的。所以，那个人分外确定，就是邻居偷了自己的斧头。因此一直对邻居怀恨在心。过了一段日子，那个人清理粮仓，发现丢失的斧头正静静地躺在粮仓的底部。这才想起来，斧头是上次被自己遗忘在粮仓里了。斧头失而复得后，那个人再去观察邻居的表现，这次和上次大不相同。邻居对自己很热情，也很友好，完全没有上次偷偷摸摸的感觉了。

就像我们开车使用地图导航一样，地图给我们指引的同时，我们也在依据现实的道路不断获得反馈，以印证是否有效。地图的正确与否并不重要，重要的是，我们能否如愿到达我们想要到达的目的地。

作为教练，坐在我们身边的客户在内在产生迷茫时，大部分的时候，是混淆了地图和疆域。我们教练对话的效果之一，便是帮助对方区分地图和疆域，促使对方觉察到这二者的差异，并且从中摆脱出来，以及拥有更新过的心智地图。

请远离颠倒梦想。

心智成熟与教练

1978 年，斯科特·派克在美国出版了《少有人走的路：心智成熟的旅程》这套书。2007 年，中文版第一次出版，当然，一共有 4 册。大部分的时候，我们提到的，就是这套书的第一本——《少有人走的路：心智成熟的旅程》。

时至今日，于我而言，这本书最好的部分，就是开头的话——"人生苦难重重"。这里的苦难，并非是指我们的感受和体验是痛苦和磨难；我更愿意解释为是指我们人生的道路充满坎坷，生命没有坦途。而心智成熟的道路，从我们一出生，就注定没有尽头。每一个人，都走在这条永不平坦的道路上，区别只是，我们能走多远。

心智成熟的意思，字面来理解，就是我们的内在的思维模式能够成熟、独立。内在的思维模式，决定了我们外在的呈现。我们在前面也提到，心智，就是指我们的内在地图（认知），本质上，是我们的神经系统对外在信息——通过感官体验所接受到的——所产生的映射。有些映射是基础的，是我们作为"人"这样一个生命现象的生理学原理所决定的。正如我们之前提到的：我们吸入氧气，呼出二氧化碳，这样一个作为哺乳动物特征的映射方式，是在生命的 DNA 里就决定了的。除了这些基本的映射关系之外，我们随着成长，我们的神经系统被体验所塑造，从而我们的内在认知的心智地图，也跟随着不断地被塑造。比如一个人小时候遇到有人朝自己吐口水，反应可能是好玩和好奇；而随着我们的成长，当我们在成年后再次遇到有人朝自己吐口水时，我们可能会产生诧异、惊讶、愤怒甚至恐惧等反应。这些神经系统的映射都是后天被体验所塑造的。所以，心智有一个成长和变化的过程，这就像我们的身体一样，经历成长到达成熟稳定的状态。心智也会不断地成长，最后到达一个相对稳定的状况。那么，一个成熟稳定的心智，需要具备什么样的特征呢？怎样才算是一个成熟的心智呢？

在斯科特的书里，他说了两个重点，一个是"自律"，一个是"爱"。对于自律，原因是人类的惰性，他说这是人类的罪恶本源。为了对抗这个惰性，需要自律，就是推迟满足感。当然，从某个角度来看，这有一部分是对的。而对于"爱"，斯科特的定义是"爱，是为了促进自我和他人心智成熟，而具有的一种自我完善的意愿"。

人类当然有惰性，不过，人类也同样有勤奋的一面。如果不是因为这个"勤奋"（请允许我暂时使用这个词语，虽然并不准确），我们就不会拥有现在如此伟大的技术的进步。在我看来，自律并非通往心智成熟的道路，恰恰相反，自律是心智成熟之后的自然呈现。

还记得我们之前聊过的话题"困难"吗？在我们谈论激励的时候，我们提到过这个话题。困难是一种体验，反映了当下我们想要实现的目标和我们的能力表现之间的差距。我们对孩子做过一个有趣的"棉花糖实验"，你可以通过互联网找到这个实验的视频资料。工作人员把孩子单独带进一个房间，给孩子一个棉花糖，同时告诉孩子，自己会出去一会儿，如果回来时，孩子还保留着这个棉花糖的话，那么他就会再得到一个。但是，如果他吃掉了这个棉花糖，那么就没有奖励了。

大部分的孩子都得不到奖励，他们在工作人员离开后忍耐一会儿后，就会选择吃掉现有的棉花糖。在这个实验中，对于孩子来说，延迟满足感是困难的，他们很难对抗脑海中的多巴胺的诱惑。不仅仅是面对棉花糖，孩子们的自制力，或者说延迟满足感的能力，相对一个成年人而言，都会弱很多。现代的神经科学已经告诉我们答案，那是因为孩子的前额叶皮层还没有发育成熟，而延迟满足感，或者对抗多巴胺的诱惑需要依赖我们大脑的前额叶皮层的重要功能。

因此，心智成熟的生理学意义，应该是一个人的大脑神经系统发育完全，具备了稳定完善的功能。但如果是这样，好像我们讨论这个话题，意义不大。因为每个人在生理上，总归会成熟。我们更想讨论的，是指一个人在认知的层面、在心理的层面，怎样才算是"成熟"。

我们会思考，如果生理上，我们的前额叶皮层发育完全了，具备延迟满足感的能力，那么为什么"自律"会是一个问题呢？在这个所谓的"自律"表现上，为何千差万别呢？

作为教练，我的很多教练对象，都遇到过这样的问题——如何自律？因此，这也是我在经历了很多对话之后，我意识到的——正如前面我所提到的：自律是心智成熟的一个自然呈现，而非是一个通往心智成熟的路径。

我们作为一个人，并非天生就是一个"人"的。这也就是我前面提到的"成熟"，这是一个没有尽头的道路。为什么呢？我们一出生，除了在生物学的特征上，表现为一个人类，其他的我们所谓"人类"的行为特征，几乎都是后天学习得到的，甚至包括直立行走和语言。我们是通过学习及发展才成为了一个真正的人（我暂且这么说：具备人的功能）。就如同早期的研究，那些出生后被动物抚养的婴孩，虽然具备了人类的生物学特征，可是，他们被重新带回人类社会后，并不具备人类的社会特征。

罗杰斯在他的著作《个人形成论》中有这样一段描述：

我看到一个个崭新的生命从这里（罗杰斯的心理咨询室）诞生，他们从这里成为一个人。

很显然，这里的"一个个崭新的生命"并非指生理学上的新生婴儿。从生物学的角度，我们生下来，就拥有了人类这个物种的基因序列，我们生而为人。然而，从另外一个角度而言，作为"人"这个特别的物种，我们又并非如同其他的物种一样，我们并非是"生而为人"的。这是什么意思呢？

人类这样一个物种，我们自诩为高等生物，我们把自己和这个地球上的其他物种区分开。那么，我们除了在生物学上和其他物种有不同之外——当然，如果从生命的角度来看，我们和其他的哺乳动物的差异并不大，吸收氧气，呼出二氧化碳，需要水和食物，拥有各种功能大致相同的内脏器官，我们把自己独立于其他物种之外的独特特征是什么呢？是那些我们的学习和创造力、我们对于生命的慈悲和怜悯、我们的慷慨和宽容、我们的付出和贡献，以及那些我们表现出来的"推迟满足感"的"自律"行为吗？那么，我们能否总结出一个特征，我们作为一个人，我们的人性，有没有一个可以区别于其他的核心关键呢？

何以为人？

答案可能已经暴露于前面文字中了：我们自诩为高等智能生物。没错，就是这个词语——智能。可问题是，什么是"智能"呢？什么是高等智能呢？

这让我想起了早几年人工智能在围棋活动上的代表——AlphaGo。当年，AlphaGo 作为人工智能在围棋活动上的应用代表，"出道即巅峰"，在和人类棋手的较量中，一败难求。再后来，AlphaGo 的升级版 AlphaGoZero 更是厉害，左右互搏，自我对弈，不断升级，最终无人可战。据说，从输入围棋规则到成为天下第一，AlphaGoZero 一共下了 300 万盘。当然，对于这个一个人穷其一生也无法完成的对弈数字，机器也就用了几天而已。

从围棋这个活动的胜败来看，我们远远不敌 AlphaGo，也就是所谓的人工智能。但是，我想到了另外的场景。我在和我女儿下棋时，虽然不是围棋，是跳棋、五子棋、飞行棋之类的，我从来没有赢过。不是因为棋艺，而是作为父亲，我在对弈时选择了"输"。

而对于人工智能 AlphaGo 来说，输要比赢更难。因为 AlphaGo 被设定了一个"赢"的目的，它不能自我设定自我的目的。而作为一个人，当我作为父亲的角色时，我可以选择一个另外的目的，因此，我可以"输"。

我想，这可能是目前我们和人工智能的差别所在。我们可以选择和定义我们的目的。

这可能是我想要表达的答案，我们的目的让我们成为一个人。正如马斯洛在他的著作中表达的那样，自我实现的需求成为人类的核心特征。而我在这里想要解释的是：所谓自我实现，本质上，是我们发展了我们独特的自我，这个自我的呈现之一，就是我们拥有我们生命的某个目的。

人活着不是目的，人活着是为了实现某些目的。

这是我们在意义层面所呈现出来的特征，我更愿意相信，我们可以定义我们自己——我们作为一个独一无二的生命个体，我究竟想如何度过我的生命旅程。而非仅仅被 DNA 限制在生理的化学功能之中，虽然我们依赖于此，但我们是否可以有机会超越这一切。

探索生命的可能性，这是我们人类的重要特征。所谓智能，本质上就是可能性的可能性。大自然拥有最高的智能，拥有所有的可能性。从这个意义上来说，AlphaGo 并不能定义自己的目的，而作为一个父亲，我可以在不同的情境下，选择和定义我自己的目的。

因此，谈到这儿，我想说，心智成熟就是我们活出一个人真正的人性的特征的过程。而斯科特在书中写到的所谓的"爱"——一种为了促进自己和他人心智成熟而自我完善的意愿，本质上就是我们内在的成为真正的人，活出人性，活出智能的特征，活出可能性的驱动力。这种驱动力，与生俱来，也是我们之所以可以成为一个真正的人的原因。这种所谓的"爱"，也是区分了我们和其他动物的核心差别。因此，成熟，就意味着不断成长。学习，就是人类的成长动力。也就是我们所说的自我实现的本质——成为一个人。而这种本质的意愿——内在动力，呈现出来，就是"爱"。

这里的爱，不是我们日常所说的爱情，也不是父母对待孩子的爱。虽然，人类的爱情和亲子的爱，混杂了前面提到的这种"自我实现的内在驱动"的"爱"，但如果从纯粹的爱情和亲子的爱来看，那些都不是真正的人类的独特特征。

这些，都是属于马斯洛归纳的人类的需求层次中的"生理、安全、社交、尊重"四个缺失性需求。我们在前面讲"激励"的时候提到过这些。这些需求，并非人类独有的特征。而前面斯科特书里提到的"人类的惰性"，事实上就是人类活在缺失性需求之下呈现的特征。

而正是因为我们活在了缺失性需求之下，事实上大部分的时候，是我们自己把自己定义在了缺失性需求之下。因此，作为一个真正的人的需求，自我实现的内在动力，被缺失性需求隐藏了。

我想，这也是一个教练的使命所在——促进一个人心智成熟，促进一个人活出自我实现的特征。

教练的作用也在于此，促进一个人从自我定义的缺失性需求中得到自我释放，从而在自我实现的内在驱动下释放自我的内在潜能。

正如罗杰斯在《个人形成论》中所提到的，作为一个真实的人，事实上，当人们得到缺失性需求的真正满足的时候（真正的满足有两个含义：一个是得到需求，另一个是自我感到满足），那个内在的动力，一个真实的人、人性的一面，就会自然地呈现出来。

讲到这里，我想，我们才能开始进入心智成熟的基本特征。一个得到基本满足、活出自我目的驱动中的人类个体，会有怎样的心智特征呢？或者说，我们应该具备一些怎样的基础认知呢？

首先，有两个基础的认知，这两个认知也是基于我们对生命的体验所塑造的。

第一，改变不可避免；第二，主观不可避免。

改变不可避免的意思是，理解这个世界总是在运动和变化之中的，诸行无常；而主观不可避免，意思是清晰地认识到这个世界只存在于我们的主观之中，只存在于我们的感官体验之中，离开了我们的感官体验，我们无法知道真实的世界是怎样的。我们前文提到的，感官体验不可描述，我们总是基于我们自己的感官来理解世界。所有的客观，都是相对的。我们自己创造了自己的世界和体验。因此，正见就是接受我们总是存在偏见的。

然后，有两个关于自我的认知。

第一个自我的认知，是关于自我的力量，或者说自我的能力。这个能力，并非是指后天习得的技能。而是作为一个健康正常的生命个体，所拥有的生命个体的能力。

我们首先需要体验并觉察到自我的基础能力，这些能力包括我们基本的运动功能，基本的感官知觉功能，以及神经系统的思考决策功能。

这是作为一个生物体的基本运作能力，我们通过组合这些基本的运作功能产生各种技能，诸如驾驶汽车、使用工具、操作机器，也包括我们特有的语言能力，以及使用语言实现的各种沟通效果。这些技能都是通过后天的学习获得的，我们通过使用这些能力来实现我们想要的目标成果。

当我们觉察并体验到这些作为生物体的基本功能后，我们需要认识到，我们是这些基本功能的主体，我们拥有这些基本功能，同时，这些功能是有限制的。就像我们不能像蛇一下感受到红外线，不能像蝙蝠一样听到超声波，也不能像鸟儿一样感受到磁场。除了这些限制之外，更为重要的，作为一个生命体，我们只能也仅仅只能拥有这个生命体本身所拥有的能力。我们掌控这些能力的范围，仅仅局限于我们的皮肤之下。

怎么理解呢？举个例子，我拿起一杯水，放在了桌子上。这个过程，我们运用了我们的感官知觉能力，看见杯子和桌面的位置，同时使用了我们的神经系统，给我们的手臂和手指发出神经指令信号，运用我们的肌肉运动能力，从而实现了这个外部的效果。整个过程，我们所运用的能力，都在我们的皮肤之下。这些能力的边界，就是我们的皮肤。

我们不能掌控任何离开我们皮肤的事物！

虽然能力有限，但是可能无限！我们总是通过有限的能力，去探索无限的可能！

为什么这会是我们心智成熟的一个基础特征呢？不仅仅如此，同时这也是我们作为对方是否可被教练的基本条件。

我们通过我们的能力对世界产生影响，跟这个世界互动，从而有机会达成我们想要得到的成果。教练对话，教练的是对方想要的"效果"，这个效果体现在他们当下的生命状态之中。因此，前提是我拥有我自己的生命状态，我是我生命的主体。这意味着，我拥有了回应世界的能力。那么，教练对话才有可能发生和有效。否则，如果我们否认这一点，或者，我们并非处在这样的自我负责状态之中时，我们就不能教练对方。

本质上，这是一种我是我自己生命的主体，我决定我如何回应世界的状态。这也意味着我们拥有了清晰的生命边界，我能掌控的和我不能掌控的。所谓"尽人事，听天命"，改变我能改变的，接受我不能改变的。而区分这二者的边界，便是我们生命体的边界——我们的皮肤。

这在人际关系中也异常重要，事实上，我们大部分的困扰，都源于我们失去了清晰的边界。促进一个人觉察并体验到我们掌控的范围边界，是我们在赋能和激励一个人过程中非常重要的关键。

很多时候，我们失去力量感，是因为我们想要掌控超出我们掌控范围的事。在前面我们谈到的压力管理中，也提到了这一点。比方说，销售业绩本质上是客户在掌控，他们决定要不要购买和支付。而一个销售人员，把注意力集中在这个客户的业绩上时，往往适得其反，容易产生焦虑。本质的原因，就是这是销售人员无法掌控的事。而真正获得力量，是在于我们把焦点集中在我们做什么可以影响客户上，也就是我如何做能够更好地产生销售，怎样提高我的销售能力，怎样更勤奋一点儿，怎样提升我的沟通效果等。

当我们处在这样的拥有自我力量的状态之中时，我们就获得了主宰自我生命的感觉，我们为自己负责。这是一个生命体独立的标志。其实，我们无法改变我们是我们自我生命主宰的事实，只不过，有些时候，我们活在了一个失去主宰感觉的体验当中。我们处在不能为自己负责的无力状态。

第二个关于自我的认知，是拥有自我价值。我们通常用另外一个词来描述这个自我价值感——自尊。与之相反对应的词是自卑。尊卑有序，反映了背后的重要性不同。重要性代表了价值感。因此，拥有自我价值也意味着我们获得了无条件的自尊，从而摆脱自卑的体验。这是我总结的心智成熟特征中第二个和自我有关的特征状态。

我们是如何产生自卑的情绪的呢？当然是通过比较。所以，尊卑有序反映的是对价值和重要性的比较。一个人产生自卑的体验，是因为比较了价值感，产生了"我不如别人"的体验。本质上，是将我作为人和我作为人所做的混淆在一起了。

我们用一些外在的现实来衡量我们的价值时，就会产生高低之分。比如我赚钱不如你，如果我用这个来评估我的价值，我就会产生自我轻视的体验，也就是感觉自己不如他人的自卑感；再比如我的学历不如你，如果我用学历来评估我的个人价值，也自然会产生这样的自卑体验；或者，我们用别人对自我的评价来评估自我的价值，用成就来评估自我的价值，用开的车的品牌、住房的豪华程度、社会的头衔等来评估自我的价值，这些都构成了所谓的"有条件自尊"。一旦有条件，就意味着满足或不满足。所以，其实拥有"优越感"也是欠缺自尊的表现，优越感和自卑只是硬币的两面而已。

尊重的背后，是我们彼此平等。本质上，我们需要将我们的行为能力和我们作为人本身区分开。因为作为一个生命的价值，是来自生命的可能性。就如同一个刚刚出生的小婴儿，我们会认为这个小婴儿有价值吗？当然会！可是小婴儿几乎什么都不会，什么也做不了，我们为什么会有这样"珍贵"的体验呢？答案就是因为有可能性！价值来自生命的可能性。

无条件地确认自我的价值，无条件地确认他人的价值，这是心智成熟的第二个重要标志。很多时候，在我的教练对话中，对面那个人可能因为自己的某些错误、某些表现，而对自己产生蔑视，甚至自我羞辱。我们对自己太苛刻了！

大部分的恐惧，也都与此有关。我们无法面对他人的评价，无法正视自己的失误，不愿承认自己的脆弱，很多时候，其实是不愿面对自我的价值。我们使用了有条件的价值评估，因此我们得到了有条件的自尊。

要去除客户内心的这些恐惧，核心是帮助对方，从接纳自我的表现到欣赏自我的特点，再到无条件地敬畏自我生命的可能性。将自我的价值感从行为表现中脱离出来，因而不仅能尊重自己，也能尊重他人。

当我们拥有这两个基础的状态，我们就可以表现出诚实的特征。一个真实的、身心一致的人才会得以呈现。

因此，我把心智成熟的基础总结成了这样的几句话：

晓无常，持正见。

知界限，有自尊。

常知足，恒立志。

知足常乐

先讲一个故事。

有个老魔鬼看到人间的生活过得太幸福了，他说："我们要去扰乱一下，要不然魔鬼就不存在了。"

他先派了一个小魔鬼去扰乱一个农夫。

因为他看到那个农夫每天辛勤地工作，可是所得却少得可怜，但他还是那么快乐，非常知足。

小魔鬼开始想，要怎样才能把农夫变坏呢？

他把农夫的田地变得很硬，让农夫知难而退。

农夫锄了半天，做得好辛苦，但他只是休息一下，还是继续锄地，没有一点儿抱怨。

小魔鬼见计策失败，只好摸摸鼻子回去了。

老魔鬼又派第二个小魔鬼去。

第二个小魔鬼想，既然让他更加辛苦也没有用，那就拿走他所拥有的东西吧！

于是，小魔鬼就把他午餐的面包跟水偷走了。

他想，农夫做得那么辛苦，又累又饿，却连面包跟水都不见了，这下子他一定会暴跳如雷！

农夫又渴又饿地到树下休息，想不到面包跟水都不见了！

他想："不晓得是哪个可怜的人比我更需要那块面包跟水？如果这些东西能让他吃饱解渴的话，那就好了。"

又失败了，第二个小魔鬼也只好悻悻而去。老魔鬼觉得奇怪，难道没任何办法能使这个农夫变坏？

这时第三个小魔鬼对老魔鬼讲："我有办法，一定能把他变坏。"

小魔鬼先跟农夫做朋友，农夫很高兴地和他做了朋友。

因为魔鬼有预知能力，他就告诉农夫，明年会有干旱，教农夫把种子种在湿地上，农夫便照做。

结果第二年别人没有收成，只有农夫的收成满坑满谷，他就因此富裕了。

小魔鬼每年都对农夫说当年适合种什么，三年下来，农夫就变得非常富有了。

他又教农夫把米拿去酿酒贩卖，赚取更多钱。

慢慢地，农夫开始不工作了，就能获得大量金钱。

有一天，小魔鬼就告诉老魔鬼说："您看！我现在要展现我的成果了。这农夫现在已经有猪的血液了。"

只见农夫办了个晚宴，所有富有的人都来参加；喝最好的酒，吃最精美的餐点，还有好多的仆人侍候。他们非常浪费地吃喝，衣裳零乱，醉得不省人事，开始变得像猪一样痴肥愚蠢。

"您还会看到他身上有着狼的血液。"小魔鬼又说。

这时，一个仆人端着葡萄酒出来，不小心跌了一跤。

农夫就开始骂他："你做事这么不小心！"

"唉！主人，我们到现在都没有吃饭，饿得浑身无力。"

"事情没有做完，你们怎么可以吃饭！"

老魔鬼见了，高兴地对小魔鬼说："唉！你太了不起了！你是怎么办到的？"

小魔鬼说："我只不过是让他拥有比他需要的更多而已，这样就可以引发他人性中的贪欲。"

这个故事末尾，小魔鬼说的那句话，差不多有一大半是对的。

"我只不过是让他拥有比他需要的更多而已，这样就可以引发他人性中的贪欲 。"

贪欲，就像是一个无底洞。一方面，好像受这个的驱使，我们可以创造出辉煌的成就；另一方面，它又让人类深陷其中，难以自拔，并为此付出惨痛的代价。虽然，我们中国的古话——知足常乐，我们大家耳熟能详，妇孺皆知。这其中的道理好像我们每一个人都懂，可是真正做起来，却是难上加难。我们总是很难感到满足，总是想要更多。即便你手中的这一部手机还没用足一年，可当你看到新款的手机上市的照片时，可能你还是忍不住很想拥有一部。

需求可以得到满足，而贪欲不会。

因此，当你饿了的时候，吃饱了就满足了。你憋气，1 分钟后你难受，开口呼吸，一瞬间，你对于氧气的需求得到了满足。你满足了就不会再想，你不会一直张口吸气而停不下来。因为这是需求。

而贪欲则不同。比如，你想象着上一次和朋友一起去高档餐厅，你买单时朋友们对账单上的数字惊诧不已的眼神以及对你报以羡慕的目光和恭维的语言时，你的内心飘飘然，你有一种优越感。注意，这里可能并不是满足感。这种优越感，我在前面的一章（心智成熟与教练）中提过，是由于有条件的自尊带来的。本质上，优越感和自卑是一体的两面。面对这种优越感，你想要再去更加高级的餐厅。这形成了贪欲，当你去了更高级的餐厅后，你会想去比这更好的，贪欲，永不满足。因为，我们混淆了感受到自我重要性的体验和获得这种体验的手段。

需求是我们作为一个人可以生存乃至活出一个人的"功能"——智能特征——的基本条件。

马斯洛总结了人类的需求层次包括：生理需要、安全需要、社交需要、尊重需要等。生理的需要，是为了个体得以生存。安全、社交和尊重需要，是为了个体得到关系。这两种需求，一是依赖自然环境，二是依赖人文环境。

关系需要的特征，也就是人类个体从诞生，需要得到群体的照顾和抚养，需要被关怀、被尊重、被欣赏、被爱。这是通过其他个体对待自我的沟通交流方式得到满足的。

但是，作为人类个体，我们从小开始建立认知和学习，形成了"意义"。我们构建出意义赋予不同的事物。当条件需求产生时，我们构建的意义驱动这些需求形成了意图——也就是"动机"。

比如，食物本身是用来满足我们的能量和营养需要的。这可以得到满足，当你获取了足够的能量和营养后，需求就暂时消失了，就像动物们，吃饱了就不吃了。可是，当我们赋予了食物新的意义，可能是爱、可能是尊重、可能是虚荣等的时候，我们对于食物的追求，就演变成了贪欲。贪欲永远不会得到满足，因为用了错误的意义来回应需求。除非我们停止那个意义，回归需求本身。

可是，人类是高智能的认知物种。认知，本质上就是大脑通过体验形成意义的过程。非洲的土著看见新款的手机，可能并不会产生任何贪婪之念。因为，他们没有认知，没有赋予此物意义。他们可能会好奇，他们相比这样的一部手机，更希望得到一头野牛。因为野牛可以满足对食物的需求，而手机不会。对于现代的你我而言，手机除了提供给我们某些对于信息传递的需求之外，我们还赋予了手机各种各样的意义：可能是美，可能是前卫，可能是创新，可能是时尚，可能是个性，等等。

混淆了手段和目的的意义所创造的动机，形成了贪欲。

正如有个寓言故事讲的那样，老人告诉孩子，每个人体内有两只狼，一只叫善良，一只叫贪婪，每天都在进行殊死搏斗。孩子问老人：哪一条赢了？老人回答：你喂养的那一只。

我们是如何喂养那只名叫"贪婪"的狼的呢？答案就是——意义！我们所定义的满足需求的方式，创造出了由需求而形成的贪婪。因为，当我们只关注我们定义的满足方式时，我们忽略了真正的需求。我们迷失于自我创造出来的所谓的满足需求的定义。

本质上，是我们混淆了手段和目的。我们作为生物体，我们被基本的生命规律所支配。本质上，我们生物体的需求产生了我们的动机。而由于我们神经系统的可塑性，我们后天将某些行为和事物对应到了某个需求，形成了映射关系——"意义"时，我们会简单地把该事物和我们的需求对应起来。而事实上，这个事物并不是目的本身。

比如说，我们需要得到重视、得到关注。重视和关注本身只是我们希望身边有人可以关心我们，可以把我们当成重要的人，认可我们具有价值，这些需求的满足依赖于身边有人可以用这样的方式对待我们。这是一种人和人之间的关系。我们依赖这些关系得到满足。

可是，当我们将拥有一部新款手机作为获得这些关系的方式时，我们就迷失于我们创造出来的意义之中了。我们越追求新款手机，我们就越远离那些真正为我们提供满足的关系。而悖论由此形成，因为我们远离了可以获得满足的关系，我们越是不能感到满足，我们就越是追求更新款的手机，而越追求新款的手机，就越让我们远离获得满足的关系。

这就形成了恶性循环。我们在这个需求上越是无法得到满足，于是该未被满足的需求就越是产生动机，在表现上呈现为我们的贪欲。

贪欲，是无底洞。所以，小魔鬼说对的部分，是贪欲是我们自己人性的一部分（由需求结合了意义而引发）。而错误的，并非我们拥有了比我们需要的更多才引发了贪欲，而是我们赋予的过载的意义，创造出贪欲。而过载意义的诞生，其中有一个重要的因素，就是我们把焦点（意义）放在了结果而非行为之上。在后面的一章，我们再来详细拆解我们究竟是如何赋予一个事物过载的意义的。

因此，答案自然显现，想要感到满足，停止用那些过载的意义喂养那条狼，应面对自己真实的需求。不过，这并不容易。不仅仅停止意义并非易事，单单决定想要停止赋予意义，就已经是一件困难的事了。

意义的意义

我们依赖于意义而活着！

意义就是我们创造的生活！

意义是所有的核心关键！上一章中，我们解释了，为什么我们难以感到满足。因为过载的意义，我们混淆了手段和目的。我们迷失在手段之中，忽略了本质上的需求。那些过载的意义，导致我们无法体验真正需求得到满足的时刻。那么，这一切是如何产生的？要真正地释放一个人内在的潜能，我们需要如何改变他内在的意义呢？

首先，我们需要定义"意义"，意义的意义是什么？让我们来看看我们使用这个词语的情景：

"这段经历，对我们此后的人生，究竟意义何在呢？"
"这份工作对于你究竟有什么意义？"
"能够实现这个梦想，对你有多大的意义呢？"
……

我们面对"意义"这样的问题时，我们脑海中、内心中所涌现的想法和感受，就是那些"意义"的答案。

　　因此，意义是什么呢？意义就是我们对某个场景的内在回应。一杯水，意义何在呢？平时，你在脑海中出现的可能只是解渴、身体的需要、H_2O分子式，等等。但如果是换作你身处沙漠，连续 24 小时没有进水的情景，你可能在脑海中涌现出的就不是这些想法了。不仅仅脑海中的想法，那种情景下，当你想到这杯水的时候，可能连你的身体也会出现某些感受。在不同的情景中，一杯水的意义会有极大的不同。

　　本质上，意义就是我们的神经系统对于外部世界的映射。这体现了我们是如何运作我们的生命的。如果用文字语言来描述，意义就是我们对世界体验的解释和回应。这种解释和回应，创造出了我们的现实。

　　我们构建意义的过程，就是我们选择映射的过程，事实上，这本身就是我们学习和认知的过程。这些"意义"——头脑中的映射外部世界的神经回路，通过生物机制，在我们的身体内创造出体验和回应，形成生物的生命活动现象。有些意义（映射关系）是天生的，保存在我们生命系统的 DNA 密码之中。比如我们的身体对氧气的回应方式、我们的身体对水的回应方式，等等。这些物质的意义，被我们的 DNA 设定好了。这些意义（映射方式）一早就镌刻在了我们的生命密码中了。

除了这些先天的映射关系之外，我们大部分的映射关系（意义）是后天学习和认知形成的。想象我们是刚刚出生的小婴儿，我们几乎没有任何认知，只有初始的生命刺激反应。起初，在婴儿的世界中，世界和自我是一体的，我们还没有区分自我和世界。慢慢地，随着婴儿的成长，我们逐渐建立了自我的意识。这个自我，首先是从物理的边界开始的。我们能够区分出自我和世界体验的边界。再接着，我们开始将某个音节和自己联系起来——一个名字。从这个名字开始，父母这么称呼自己，我们逐渐建立了"自我"这个概念。当我们有了自我的意识，我们开始有了所有权的概念，我的小熊、我的洋娃娃、我的玩具……。

慢慢地，这个"自我"开始成长，开始壮大。婴儿随着成长，开始形成自我的能力。可以翻身，可以爬行，可以开始行走，等等。

与此同时，我们也开始拥有了他人的概念。这是妈妈，那是爸爸……。我们听到妈妈的声音、辨识出妈妈的气息、认出妈妈的相貌，然后，这些和安全、得到照顾、被保护等体验连接在一起。在和他人的互动中，我们构建出了"关系"的意义，在不同的关系中，"自我"是怎样的，我们发展出了关系中的"自我"，形成了不同角色的"自我"。

慢慢地，3岁之后，我们的大脑发育开始形成了记忆。

当"记忆"形成之后，我们就对"因果"产生了体验，从而开始构建出"时间"的意义。我们形成了不同的时间中的"自我"，昨天的"我"，今天的"我"……

再伴随着我们的成长，我们体验到的越来越多，我们开始构建出我们的"世界"。在不同的地点、不同的领域中的"自我"。我们在脑海的神经系统回路中将这些感官知觉与这些体验建立了映射关系。

伴随着这些认知的构建，内在生命系统对于需求的驱动，在这些意义的构建下，创造出自我的意图，形成了自我的目的。这些目的作用在我们的神经系统中，驱动我们的生命产生各种各样的化学反应，体现为我们每一天的生命表现，并通过我们的身心系统，呈现出我们生命的状态。

这些意义，在我们身体中创造出了"情绪感受"。我们通过"情绪感受"体验到了我们的意义。

同时，我们会对这些由意义带来的"情绪感受"在脑海中再次建立映射，这形成了映射的映射、思考的思考、感受的感受，而这种映射到能力，也为我们带来了"自由选择"的智能。

　　所有的意义，离开了"自我"就不存在了。"意义"只能存在于我们的神经系统之中，永远伴随着"自我"。

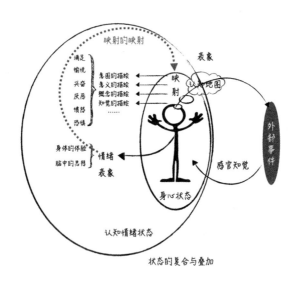

　　那么，意义是如何在脑海中构建出来的呢？首先，我们构建了"感官知觉"，在脑海中构建出对应此"感官知觉"的思想表象，并对此表象给予命名，也就是分类和标签——这是什么，我们形成了"概念"。我们用一个"概念"映射了这个感官知觉。概念的背后，我们又构建了"逻辑"和"因果"，也就是"信念"。这些信念会给我们的神经系统发出指令，我们体验到了由此带来的"情绪感受"。从而体验到事物（经历和体验）的价值，并因此驱动了我们意图。

　　我们探索这些"意义的进程"，就是澄清一个人的内在游戏——"意义"。我们称呼这个为"内在的策略进程"，也就是我们是如何将一个感官知觉的信息运作为某个生命状态表现的。

探索和澄清这一过程，就可以清楚客户的内在游戏进程。作为一个深入人心的对话，我们深入的核心，就是对方内在的意义，也就是，从建立感官知觉的表象到内在构建出与之映射的内在表象并对此内在表象再次产生映射后的身心体验的过程。这就是内在游戏的核心关键。

在这个过程中，对方由此产生了对自我内在游戏运作的觉察，而觉察带来了可能的新的选择。我们可以选择新的映射方式来回应具体的感官知觉表象，这就表现出我们的智能——可能性！我们拥有选择的能力。

而这些之所以能够发生，也源于我们人类的大脑具有可塑性。这一点，已经得到了科学的验证。这就好比是计算机的软件程序，可以调整和改变。计算机可以人为安装新的程序，这体现为磁盘读写的操作。我们的信念和意义，也就是神经回路的连接方式，是如何改变和形成的呢？

答案就是刺激和体验。科学发现，钢琴演奏家的大脑，控制手指部分的神经元细胞较常人更加活跃和丰富。可是，如果钢琴演奏家停止弹奏钢琴一段时间之后，这些区域的神经元细胞，活跃度又会逐渐地下降和萎缩。直到再次弹奏钢琴，随着弹奏次数的增加，这些细胞又重归活跃和丰富。

这对应了我们的练习和刺激。一朝被蛇咬，十年怕井绳。说的就是这个道理。当体验达到足够的程度，要么是次数，要么的强度，就形成了神经回路的连接。

体验塑造意义！

因此，你可以理解，支配我们的习惯的，是我们的神经系统的映射关系。我们优先选择了某种映射关系对应某些场景的感官知觉表象，这些表现为习惯，或者技能。开车、打字、使用某种乐器，包括我们的语言。本质上，都是神经系统的映射模式。新的习惯的养成,困难并非学习，困难的是如何摆脱旧习惯的惯性。就像右利手的人，习惯了右手用筷子，要学习左手，困难在于如何克服自己用右手的惯性。除非右手受伤后，不得不使用左手。而在那种情景中，不需要多长时间，左手使用筷子的能力就能快速建立起来。

这也可以从儿童学习某种语言得到印证。大脑中神经元之间的连接和映射关系，一旦建立，消除就变得困难。

　　这就像一张白纸，充满了无限的可能。而一旦落笔，可能性就减少了。从哲学上来说，我们的可能性就在于我们能够放下或者释放多少已经建立的内在意义——神经映射关系。

　　而要做到这个，体验必不可少。练习是用数量来提升体验的强度，而某些重大变故或者重大经历，让人一夜改变性情，则是通过单次的体验提升强度。

　　所以，我们通过对话改变一个人的内在游戏，背后的原理也就是在当下诱导并放大那种新的映射关系的体验——这其实就是情绪！动之以情，推动一个人的是情绪。情绪，是我们神经系统产生的神经冲动和内在生理现象，推动了我们的生命体的生命活动。本质上，是一种能量。因此，改变总是伴随着情绪体验的。这也是一个深入人心的教练对话能够发生作用的背后原因，也是我们区分一个教练对话是否有效果的根本所在。

　　因此，到这里，我们就不难理解，那些优秀而伟大的文艺创作，是如何打动人心进而能影响世界的了。因为，通过这些文字、图画、声音、视频等表象，在我们的内在诱导出我们的情绪感受，从而当这些感受足够深刻时，推动我们的神经系统发展出新的映射关系。

至此，我想你可以理解我们为什么说我们依赖意义而活着了。意义不存在于外部事物，意义只存在于我们的身体之中。离开了我们的"自我"，意义毫无意义。

可是，当我们在使用"语言"来表达时，或者在脑海中构建关于那些"体验"的表象时，为了简便起见，我们开始删减那个意义的主体——自我。

万里之外的一棵树，对我的意义是什么呢？世界万物，对我的意义是什么呢？如果我们不能体验到这个，我们就不能感受到意义。我们只有在想象到这些的时候，或者真实地感觉到这些的时候，我们才会形成对这些的体验，也就是感受到意义。

而当我们删减了这些主语之后，在脑海中，就变成了"一棵树有什么意义""一辆豪华跑车有什么意义""总监的头衔有什么意义"等等。这就好像把"意义"赋予了那些外部的事物。这些导致我们过于关注外部事物，忽略了自我的内在体验。

当我们把注意力聚焦于这些外部事物，我们就很难真实地体验到这些意义。因为体验是当下的，正如电影《灵魂之旅》中的那位音乐演奏者，当他一直认为人生的意义是成就自我时，他忽略了当下一分一秒的体验。直到他安静下来，注意到一片落叶在眼前飘落时，他感受到了当下的意义。

同时，这些删减了自我主体的"意义"，使得我们开始混淆目的和手段。意义离开我们的神经系统，无法存在。可一旦我们开始删减那些语言中的主体时，就好像那些意义附载于那些事物上一样。这些意义的背后，都附载了某种需求。正如我们在前面所谈到的，本质上，我们需要的是某种赖以生存的具体物质或者我们成长过程中需要的某种关系（罗杰斯称之为"助益性关系"）。世俗的说法，我们也称之为"爱"。这些关系，本质上是我们被如何对待，是人们对待我们的态度和方式，具体表现为人和人之间互动交流和沟通的行为。而当我们把某些意义附载于这些外部事物上时——事实上是因为我们删减了语言的自我主体所导致的结果，为了得到这些"意义"，或者说为了能够感受到这些"需求的满足"，我们错误地以为得到那些事物就可以得到那些意义，于是我们开始不断地追求这些事物——"豪华跑车""总监头衔""金钱财富""华装丽服"。

而事实上，这些可能只是为了得到某种我们期待的互动方式（关系），用以满足自己对关系的需求的手段之一。比如通常服务员可能会更尊重开一辆豪车的客户，我们可能会偶尔体验到这样的关系。但当我们错误地把意义附载于这些外部事物上时，我们以为得到这些外部事物，就能得到某种需求的满足。所以，你赋予了物质财富某种成功的意义，那么你需要通过物质财富才能感受到成功。你赋予了某个头衔卓越或者得到尊重的意义，你需要通过这个头衔才能感受到这个意义。但并不代表你得到了满足。这是两回事。我们需要的尊重是一个他人对待我们的具体行为，并非某个头衔。我们赋予了某个头衔这个得到尊重的意义，我们只能通过这个头衔才能感受到尊重，但并不代表我们拥有了他人对待我们的尊重这样的关系，我们可能短暂地感受到意义，但我们可能并没有得到需求上的满足。一个是手段，一个是目的。我们混淆了这两者。

于是带来的结果就是，这些事物并不等同于我们就能获得我们需要的关系。我们越追求这些外物事物，我们越难以感受的满足，我们越不能满足，我们就越想要更多。

我们创造出了贪欲！我们用过载的意义喂养了那只叫"贪婪"的狼。

要转变这一点，我们需要释放那些附载于外部事物上过载的意义。比如食物，朴素的意义就是满足我们对于能量的需要。当然，这里并非存在某个绝对的"正确"意义。意义需要服务于我们的生命，服务于我们能够体验和感受更美好的生命，这样的意义，我称之为"有质量的意义"。

　　而另外一种过载的意义，阻碍了我们更好地体验生命的美好，阻碍了我们更好地释放自我生命的内在潜能，甚至将我们带到万劫不复的境地。这样的意义，是有毒的意义。

　　要如何释放这些过载的意义呢？有两种方法。第一，在我经历的那些教练对话中，核心就是在当下探索出对方内在的深层意义，通过挑战和测试，通过在当下诱导和塑造对方强烈的内在体验，从而促进对方体验到新的意义。当体验的强度足够时，不可逆转的改变就发生了。

　　这个过程中，关键也是要把那些删减的意义的自我主体重新带回到对方的语言中，带回到对方的意识里。同时，我们要把意义的方向，带回到我们作为意义感受的主体上，也即是指向自我。原因何在呢？

　　因为，当我们赋予了外部事物意义，我们只能通过这个外部事物才能感受到我们所赋予的意义，然而外部事物并非我们所能掌控。所以，我们表现出的，就是我们依赖于我们所赋予意义的那些外部事物，我们赋予的意义越多，我们就越依赖。这是正比关系。

　　这就是我们创造出的一个我们无法掌控的欲望，对外部事物的欲望。你无法通过的外部事物来得到满足，因为混淆了手段和目的。你想要减少欲望，就减少意义，你想要停止欲望，就停止意义。

而我们赋予我们自我的意义，包括我们的生命、身体、思想、能力、表现。那么同样的，我们通过我们的生命、身体、思想、能力、表现来感受到意义。而不同之处在于，这些属于我们的掌控范围。因此，当意义赋予得越多，我们就需要得越多，因此我们可能就会有更多的行为表现，更高、更强、更多的能力，更有质量的生命，更丰富的思想，这促进了我们生命的整体表现，而且可控。

举例：你赋予了自己能够不断跑步一个意义，可能是跑步是自强的体现，跑步能让你感受到生命活力，跑步是一种专注的练习，等等。那么你就需要通过跑步去感受这些意义，自强、活力、专注。你赋予的意义越多，那么越能促进你跑步。而这是你能掌控的，你可以享受这个跑步，你可以不依赖是否能得到一个跑步奖牌或者得到某个人的赞美而跑步。你只依赖你自己所赋予的意义而奔跑。

你赋予的意义越多，你跑得越多。因此，你得到了促进。

释放附载于外部事物上过载意义的第二个方法，就是练习布施。

本质上，通过布施，我们练习释放那些附载于外部事物上的意义。通过布施，练习我们放下某些事物的执着。之所以执着，是因为有意义。如果有些事物我们还不能布施出去，那么一定是我们还有意义附载其中。在佛法中，布施是手段，而非目的。是一种练习的手段，目的是获得自由，获得空性，获得更多的可能性。

总结来说，我们需要反思和检查自己所选择、所创造的意义。意义的质量决定了我们生命的质量，这是我们回应世界的方式。我们能够选择和创造意义的能力，从某种程度上来说，是我们人类的核心智能。通过不断释放那些附载于外部事物上的过载意义，赋予内在自我的行为表现更多的有质量的意义，练习并体验这些意义带来的感受，我们就能释放我们内在的无限潜能。

后记

立春了，新年如约而至。与去年一样，这几年无论是元旦的新年，还是农历的新年，我都大约会用一场登山越野跑来迎接。只是，今年跑得额外多了几次。为什么呢？除了这是我自己迎新的一个仪式之外，究竟这其中有什么吸引着我，让我如此迷恋那空无一人的山野小径呢？

这让我想起了数年前在岔路镇的岔路小学——那个略显奇怪的地名，清晨 5 点，我站在 10 月下旬北纬 29 度的浙江东海之滨——宁海的群山之间时，那一刻内心所涌现的感动。而感动，也当然不是因为若不是一阵阵幽香从暗处袭来，我都尚未发现的路边正在悄无声息坠落的桂花。

感动，来自两年后，我选择再次站上了那道出发的起跑线——全程 108 公里，超过 5000 米的爬升，大约 11 座山峰的宁海 100 公里越野赛。两年前，我站在同样的起跑线前，不同的是，那次的起点是在宁海的西门城楼——如果足够幸运，大约 20 个小时之后我可以抵达的终点。

两年前，凄风苦雨的泥泞中，在接近 70 公里处，我退赛了，因为在行进至 30 公里时在一段无比畅快的溯溪而下的路段拉伤的腿部肌肉。欲速则不达，我又一次地体会了。第二年，各种借口下，我没有报名。我知道，真正的原因是我害怕了。

后来，发令枪响的那一刻，我的内心充满了感激的泪水。最终，热爱克服了恐惧。勇者，并非每一次必达，而是每一次都无畏出发。相比上一次一心要完赛，这一次，我只想在万籁俱寂的山野之巅，去听一听，自己心跳的回响。

当我确定了内心的目的之后，完赛，就只是一个对我在此前日复一日地练习后能足够幸运的佐证了。所以，当我顶着满头的星光，穿过宁海的西门城楼，越过那道终点线时，我的内心无比宁静。从两年前的起点，到两年后的终点，一切都是这么神奇。非宁静无以致远，那一刻，不仅是我的脑海中涌现出这几个字，而是身体的每一个细胞都由衷地体验到这每一个字的意义。那是对比身体上的极度疲惫、意识的极度虚弱后，在你心灵的深处所体会到的一种奇怪感觉。并非喜悦，并非满足，那是你无法表达的感觉，你无法和任何人分享，除了自己。这弥足珍贵，或许，这就是为什么当我离开后，还想再次回到那里的原因。

此后，好像真正的目的才逐渐地显露出来。我热爱独自穿行于山野的密林幽径，我热爱孤独地沿着天空的边缘上升，我热爱在蜿蜒的溪流跳跃下降、呼啸来去，背后，都是因为在力竭的尽头，才能听见自己心跳的回响。非力竭无以宁静，非宁静无以聆听，非聆听无以明志，非明志无以致远。达所未达，去探索和了解自己的内心，这，可能就是其中的意义所在。

这就印证了为何每一次在山野间穿行时，我总想走一走未曾走过的道路，那些隐秘的林间幽径，那些峰回路转的盘山小路。而事实上，山野之间，每一次，我并不知道哪一条路是对的。有时候路走通了，绕回了主路；有时候，路没走通，就得回头。有的回头路好走，没走多远，路不通就回头了；而有的，不好走，等到达谷底，才发现前路不通，再回头，就又翻一次山岭，回到主路。

每一次，在面临这些岔路的时候，好奇心会驱使我想要进入。跑在空无一人的荒野密林时，我也时常心怀忐忑。冷风吹在后颈，想到可能的危险、可能的回头路，有时也会打个寒战。而与此同时，又极度地享受这空无一人的山谷和蜿蜒起伏的秘径，两种体验交织在一起，令人迷恋。或许，这也是我热爱山野的原因之一吧。

当我们身在群山之中时，我们并不能总是看见山峰。除非你离开那里，远远地看着，你才能看见山峰的形状。这也让我时常想起理想，远远地看着，你好像知道那是怎样的。而一旦你开始迈向它，一旦你开始深入地去实现它后，往往你并不总能看见它了。在过程中，当你看不到山峰的时候，那么多的岔路——是的，我又想起岔路镇的岔路小学——你并不知道哪一条是正确的，又或者，明明知道有一条路，偏偏有好奇心驱使你，你想知道那条岔路通向哪里。

所以，我有时会想：那么，当你面临岔路的时候，你会怎么选呢？当你选择了岔路后走不通的时候，你是否还会选择走回头路？你有勇气走回头路吗？你会抱怨要走回头路吗？当遇到下一个岔路口后，你还会如此选择吗……

在我的教练生涯中，我是走了不少岔路和回头路的。直到今日，恐怕也是有回头路要走的。走回头路，也不完全是因为走不通。有时，走着走着，你抬头又看见了山峰，你在经历了那些迷恋的秘径后，你可能想起了内心深处的目的，总是要抵达的，总是能抵达的。

而之所以总是能抵达，之所以有勇气不怕走回头路，之所以能完成这个超长距离的旅程，其中的诀窍便是拥有耐心。这么多年以来，无论从南到北，还是从东到西；无论是从海角到天涯，从平原到雪山，从荒野到山林，还是从长江到黄河，从五台山到峨眉山；无论是从寒冬到炎夏，从孤独到喜悦，还是从翻越空无一人的山巅到穿越汹涌拥挤的人潮……这些迢递行程、迢递风尘、迢递星辰，一路跑过去，不外乎就是把一只脚重复放到另一只脚的前面，如此而已。

这就像我们的理想……

要知道，那些我们所热爱的山峰，登上去，看到的并非我们在山下时看到的样子。登上去，不是为了看一看山峰，而是，为了换一个角度，看一看世界。

这本书从起心动念到落笔，写了一半后再彻底推翻重来，再到断断续续，停了一两年，时至今日，终于完结了。过程坎坷起伏，一如我所奔跑过的那些山川河流，来到终点时，唯有宁静。

仅以此书献给那些奔跑的岁月，献给那些跌宕起伏而又峰回路转的对话，同样，也献给我们所热爱的一切。